KB266260

여지를 두는 태도

실력은 있는데, 왜 끝까지 못 가는가

배성모

여지를 두는 태도

버티는 힘은
의지가 아니라
구조다

pazit

차례

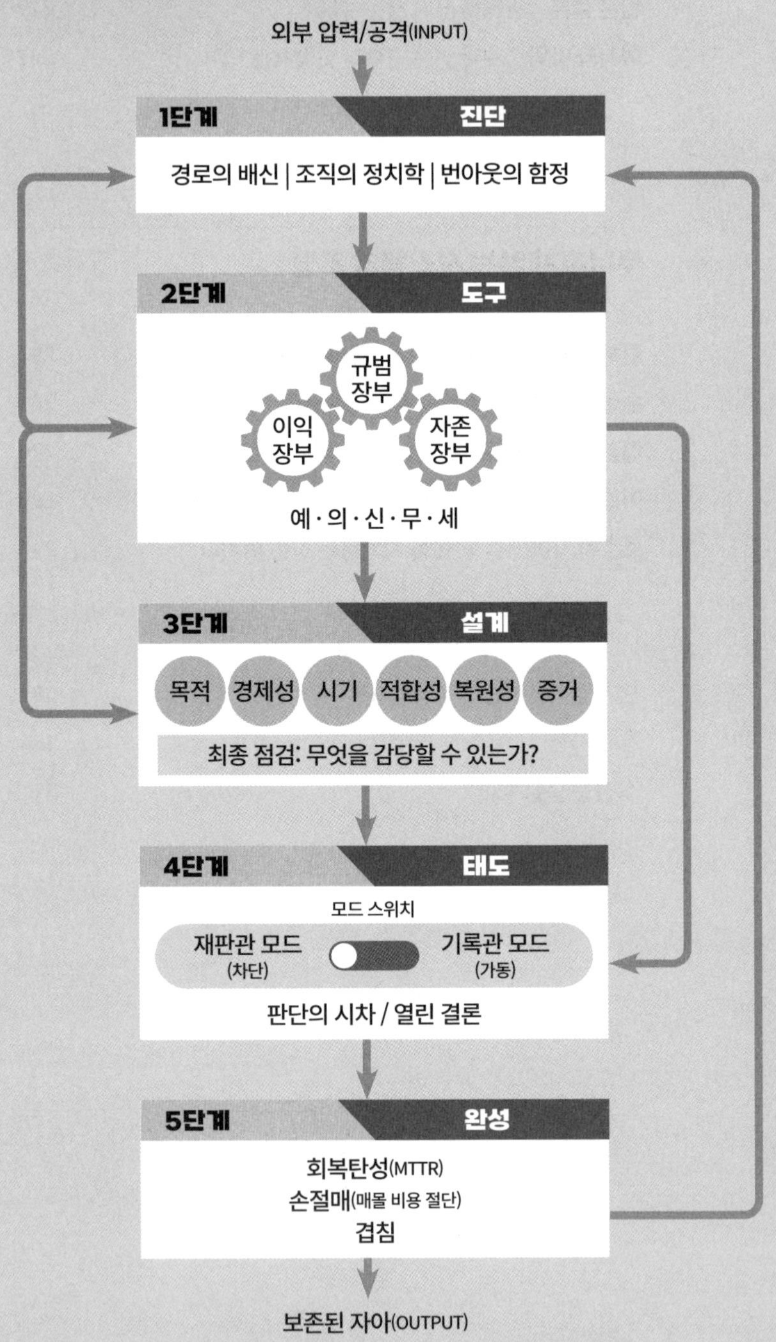
외부 압력/공격(INPUT)
1단계
진단
경로의 배신 | 조직의 정치학 | 번아웃의 함정
2단계
도구
규범 장부
이익 장부
자존 장부
예·의·신·무·세
3단계
설계
목적
경제성
시기
적합성
복원성
증거
최종 점검: 무엇을 감당할 수 있는가?
4단계
태도
모드 스위치
재판관 모드
(차단)
기록관 모드
(가동)
판단의 시차 / 열린 결론
5단계
완성
회복탄성(MTTR)
손절매(매몰 비용 절단)
겹침
보존된 자아(OUTPUT)

이 책은 감정의 개입을 차단하고 논리를 고정하기 위해 다음 3가지 원칙으로 작동합니다.

1   **진단**(메커니즘 우선): 문제의 원인은 기분이나 성격이 아니라, 구조적 오작동에 있습니다. 위로(공감)보다는 메커니즘의 분석을 우선합니다.

2   **설계도**(즉시 출력): 주요 장 말미에 [실전 문장 설계도]를 배치했습니다. 복잡한 고민을 생략하고, 상황에 맞는 반응을 즉시 출력하는 도구입니다.

3   **치환**(기능적 정의): 모호한 개념을 시스템 용어로 재정의했습니다. 사례와 장면은 구조가 보이도록 필요한 요소만 남겨 배치했습니다.

– 모든 설계도와 용어 정의는 권말 부록에 통합 수록했습니다.

위로가 아니라
구조가 필요한 당신에게

① 위로는 진통제일 뿐, 원인을 치료하지 못합니다

사람은 매일 흔들립니다. 눈을 뜨면 성과를 내야 한다는 압박이 몰려오고, 관계에서는 좋은 사람이 되어야 한다는 의무감이 어깨를 짓누릅니다.

멈춰 서면 '지금 어디로 가고 있는 걸까'라는 막막함이 파도처럼 밀려옵니다.

세상은 "괜찮다, 당신은 충분하다"라고 말합니다. 잠시 안도할 수는 있습니다.

하지만 다음 날이 되면 출근길의 압박과 관계의 마찰은 같은 자리에서 다시 시작됩니다.

사람들은 이 불안을 잠재우기 위해 노력과 진심에 기댑니다. 속도를 높이고 진심을 다하면 문제가 해결될 것이라 믿지만, 속도를 높일수록 시야는 좁아지고, 감정에 호소할수록 관계는 더 쉽게 부서집니다.

불안의 진짜 원인은 노력의 부족이 아닙니다. 달라진 게임의 법칙을 인지하지 못한 구조적 착오일 뿐입니다.

학교는 돈을 내고 서비스를 받는 소비의 공간이었지만, 사회는 돈을 받고 가치를 증명해야 하는 공급의 현장입니다.

소비자의 습관을 삭제하고 공급자(가치를 증명하는 사람)의 시스템을 장착하는 과정이야말로, 아마추어를 넘어 프로페셔널로 진입하는 첫 번째 조건입니다.

오랫동안 말과 사람이 충돌하는 현장에서 일하며 명확한 사실을 확인했습니다. 무언가를 결심하고 행동으로 옮기는 단계에서는 의지가 작동하지만, 그것을 포기하지 않고 끌고 가는 것은 구조의 역할입니다. 순간의 의지에는 지속성이 없기 때문입니다.

② "당신이 가장 공평해"라는 말의 서늘한 무게

몇 년 전, 아내에게서 뜻밖의 말을 들은 적이 있습니다.

"내가 아는 사람 중에 당신이 가장 공평하다."

그 말은 칭찬이라기보다, 무거운 책임감으로 다가왔습니다. 본래 공평함을 타고난 성향이 아니었기 때문입니다. 편협하고 게으르며 감정에 휩쓸리는 쪽에 더 가깝습니다. 그래서 매 순간 내면의 편견과 싸우고, 빠른 확신을 의심하며, 판단을 유보하려 애썼습니다.

그 말은 "성품이 훌륭하다"는 평가가 아닙니다. 오랫동안 천성과 씨름해 왔던 지난한 노력들을, 가장 가까운 사람이 질서의 결과로 읽어 준 것이었습니다.

그날 이후 공평함의 본질을 다시 정의했습니다. 공평함은 온화한 성품이나 선천적인 친절함이 아니었습니다.

- 자신의 기준과 선호로 타인을 함부로 평가하지 않으려는 의지
- 감정이 사실을 덮어쓰지 못하게 막아서는 노력
- 다 안다고 착각하지 않으려는 신중한 태도

이 태도가 바로 사유의 밀도입니다. 밀도가 낮은 생각은 외부 충격에 금방 찌그러지지만, 밀도가 높은 사유는 틈을 버팁니다.

아내가 본 공평함이 내 안에 존재한다면, 그것은 천성[1]이 아닙니다.

긴 시간에 걸쳐 쌓아 올린 문장과 배치[2], 멈춤과 재검토라는 설계된 질서가 만들어낸 결과일 것입니다.

③ 제안이 아니라 기록으로

첫 문장을 적을 때 스스로 약속했습니다. 이 글은 타인을 향한 제안이 되어서는 안 된다고. 부족한 나를 지탱하기 위한 기록이어야 한다고.

이것은 나를 데리고 무너지지 않기 위해 만든 체계이며, 스스로를 고쳐 쓴 작업 일지입니다. 여기서 말하는 여지[3]란, 성급한 반응을 멈추고 다시 판단할 시간을 확보하는 구조입니다.

빈틈없이 짜인 세상과 속도의 압력 속에서, 나를 잃지 않게 붙드는 최소한의 공간이기도 합니다.

선택 앞에서 주저앉지 않고, 소중한 관계를 허무하게 잃지 않기 위해 내면에 세워 온 질서들을 숨김없이 펼쳐 보입니다.

삶을 기술자의 눈으로 보기 시작하면, 감정은 위로가 될 수 있어도 해법이 되지는 못합니다.

무너진 곳에는 자책보다 보수가 필요하고, 자꾸 부딪히는 지점에는 결심보다 우회로가 필요합니다.

이 책은 그 과정을 먼저 통과한 사람의 기록입니다. 설명에 필요한 핵심만 남겨, 설계가 현실의 마찰과 만날 때 어떤 신호로 드러나는지 보여줍니다.

익숙한 위로를 떠나, 낯설지만 단단한 질서의 세계로 들어갑니다. 이 여정에서 감정 대신 딱딱하지만 튼튼한 공학의 언어를 빌려 옵니다.

관성에 끌려다니지 않기 위해 나쁜 습관을 끊어내고, 충격을 흡수할 완충 공간을 만들며, 관계를 돈만으로 환산하지 않기 위해 다른 계산법을 세웁니다.

흔들림은 성격의 문제가 아니라 구조의 문제입니다.

이제 그 구조를 세우기 위해, 가장 먼저 사람을 누르는 압력부터 진단합니다.

진단: 왜 성실한 사람들이 먼저 지치는가

눈을 뜨자마자 화면을 켜고 타인의 요청에 답장하며 하루를 시작한다. 몸은 바쁘게 움직이지만 생각은 멈춰 있고, 사람들은 이런 상태를 성실함이라 부르곤 한다.

여지는 그 흐름을 잠시 끊어내는 간격이다. 오늘 하루가 내 의도대로 흘러가고 있는지 점검하고, 잘못된 방향으로 질주하지 않도록 붙드는 짧은 멈춤이다.

세상은 멈춰 서서 생각할 시간을 저절로 내어주지 않기에, 사람에게는 의지보다 먼저 자신을 붙드는 장치가 필요하다. 여지는 자극에 휩쓸리지 않기 위해 스스로에게 남겨두는 구조적 공간이다.

"좋은 대학에 가고, 안정된 직장에 들어가라"는 오래된 명제는 조언이 아니라 거대한 구조다. 이 궤도를 벗어나는 자에게는 불안을 과금하고, 순응하는 자에게는 안도를 약속한다.

눈에 보이지 않지만 피부를 짓누르는 물리적 실체처럼 사람의 방향을 강제하는 묵직한 힘, 그것이 경로의 압력이다.

이 압력은 초기 우위라는 미끼로 사람을 붙잡아 둔 뒤 조용한 비용을 청구한다. 안정을 보장하는 대신 각자의 고유한 리듬과 자율성을 지불하게 만든다. 궤도를 벗어나 실패해 볼 권리와 이유 없이 깊이에 빠져들 시간, 내면의 소리를 듣는 멈춤까지 비효율이라는 명분 아래 삭제한다. 남들이 걷는 경로는 공짜가 아니다.

더 결정적인 것은 경로의 끝에서 마주하는 배신이다. 학교라는 울타리 안에서는 성실함과 높은 평균 점수가 미덕으로 기록되지만, 사회의 문턱을 넘는 순간 게임의 규칙은 바뀐다. 세상은 더 이상 노력을 묻지 않고 결과를 묻는다.

이제 중요한 것은 높은 점수가 아니라 낮은 변동성[4]이다. 위기 앞에서도 무너지지 않는 꾸준함이 실력으로 인정되는 세계에서, 학교의 잣대로 버티면 성실함은 곧바로 소진으로 기록된다.

모름을 견디지 못해 성급히 단정하고, 의미와 속도가 어긋난 채 질주하다 끝내 소진되는 비극은 구조가 바뀌지 않는 한 반복된다. 사람들이 겪는 불안 역시 심리적 유약함의 문제가 아니다. 경로의 압력이 내면의 질서를 무너뜨리며 내는 경고음이다.

그러므로 이 기록은 박탈당한 여지를 되찾기 위한 첫 번째 공정, 진단에서 시작한다. 필요한 것은 습관적인 자책이 아니라 무엇이 문제인지 구조를 뜯어보는 냉정함이다. 흔들림은 애초에 잘못된 지도를 따라 온 대가이기 때문이다.

장면 **4월의 사무실**

신입사원 A는 학창 시절 내내 상위권 성적을 유지했다. 정해진 범위, 주어진 교과서 안에서 그는 우수했다.

입사 후 첫 프로젝트, 그는 학교에서처럼 밤을 새워 100페이지 분량의 보고서를 제출한다. 팀장은 보고서를 보지도 않고 덮어버린다.

"A씨, 공부는 혼자 하는 거지만 일은 같이 하는 겁니다. 이 보고서를 누가 다 읽습니까? 당장 써먹을 수 있는 1장짜리가 필요한 겁니다."

A는 당황한다. 시키는 대로 성실하게 노력했는데 결과는 무능으로 돌아왔다. 경로의 배신이다.

학교의 규칙(정해진 답, 사람의 노력)이 사회의 규칙(모호한 문제, 타인과의 협업)으로 바뀌는 순간, 성실했던 우등생은 가장 먼저 고장 난 부품이 된다. 경로가 가진 숨겨진 속성은 강요가 아니라 유혹이다.

노력한 만큼 결과가 나오는 명확한 규칙, 시스템이 검증해 준 안전함은 거부하기 힘든 안락함을 제공한다. 사람들은 이 안락함에 익숙해져 야생성을 반납하고 시스템의 울타리 안으로 들어간다.

이 거대한 시스템이 건네는 초기 우위라는 혜택이 어떻게 시야를 가리고, 끝내 학교의 우등생을 사회의 낙제생으로 만드는지 그 작동 원리를 기록한다.

1 초기 우위
출발선의 혜택은 영원하지 않다

경로의 초입은 언제나 매력적이다. 노력한 만큼 보상이 따르는 규칙이 존재하기 때문이다.

학교의 풍경을 복기해 본다. 수업계획서라는 지도가 주어지고, 정해진 범위만큼 공부하면 성적이라는 보상이 정확하게 입금된다. 노력과 결과가 딱 맞아떨어지는 이 정직한 시스템 안에서, 사람은 성취감과 안정을 맛본다. 이 시기의 경로는 억압이 아니라, 예측 가능성이라는 안락함으로 사람을 머물게 한다.

학교의 울타리를 넘어 사회로 진입하는 순간, 이 안락함은 특권으로 변한다. 경로가 주는 가장 큰 선물은 남들보다 더 넓은 잉여, 즉 마진(충돌을 막아주는 넉넉한 완충지대)이다. 이 마진은 두 가지 방식으로 불공평하게 작동하며 경로 안의 사람을 보호한다.

첫째, 증명 과정의 생략이다. 타인과의 관계나 업무 협상에서, 검증된 경로를 통과했다는 사실은 "기본 역량과 성실함이 보증된 사람"이라는 믿음을 준다. 보증서는 현재가 아니라 과거 이력이 발급한 것이다.

덕분에 능력을 증명하는 에너지를 아껴, 온전히 일의 성과를 내고 자신을 성장시키는 데 투입할 수 있다.

반면 경로 밖의 사람은 출발선에 서기 위해 자기 존재를 증명하는 데 이미 에너지를 소모한다.

둘째, 실수의 해석권이다. 똑같이 업무상 오타를 냈다고 가정해 본다. 경로 안의 직원이 실수하면 주변에서는 실수 자체를 일시적인 피로나 환경 탓으로 해석한다.

하지만 배경이 평범한 사람이 같은 실수를 하면, 실수가 곧 그 사람의 본질적인 무능으로 기록되기도 한다.

실패가 사건으로 끝나는가, 낙인으로 남는가.

이 차이가 바로 경로가 만들어내는 마진의 불공평한 분배다.

그러나 경로의 배신은 바로 이 달콤한 마진에서 시작된다. 자신을 증명할 필요가 없었고 실수가 용인되었던 그 보호막 덕분에, 역설적으로 야생에서 스스로 입증할 근육을 키울 기회를 놓치게 된다.

반면 보호막 밖의 사람들은 맨땅에서 부딪히며 시스템 없이 생존하는 야생성을 완성해 간다. 보호받은 자는 약해지고 보호받지 못한 자는 강해진다. 시스템이 뒤늦게 돌려주는 공평함이다.

진실은 보호막이 사라지는 순간 분명하게 드러난다. 그동안 누려온 안정이 오직 내 실력만으로 이루어진 것은 아니었음이 증명된다.

2 경로의 청구서
안정을 대가로 지불한 것들

문제는 사람들이 이 함정을 보지 못하고, 눈앞의 마진에만 집중한다는 점이다.

왜 사람들은 이 길이 영원히 자신을 지켜줄 것이라 믿으며 따르는가?

근본적인 이유는 머릿속에서 정보와 규범이 뒤섞였기 때문이다.

"남들이 다 가니까 나도 가야 한다"는 압력은 다음과 같은 비용 명세서를 감추고 있다.

A. 정보와 규범의 착각

—

"통계를 보니, 많은 사람이 이 길을 통과해서 경제적으로 성공했고 안전을 보장받았다"는 것은 정보다. 하지만 "그러므로 너도 이 길을 따라야만 한다"고 믿는 것은 규범이다. 둘은 다르다. 마진을 맛본 사람은 사실(정보)을 의무(규범)로 착각한다.

질문은 사라지고, 생각의 주도권은 외부 통계로 넘어간다. 인생의 결정을 스스로 내리는 게 아니라 통계에 맡긴다.

'이 길이 나에게 맞다'는 위로는, 사실 '이탈할 용기가 없다'는 고백을 감추기 위한 자기 기만일 때가 많다.

B. 매몰 비용: 돌아가기엔 늦었다는 핑계

—

사람은 가고 싶지 않은 길이라도, 이미 들어섰다는 이유만으로 계속 걷는다. 돌아가기엔 멀고, 옆으로 새기엔 불안하기 때문이다. 많은 시간과 노력을 쏟아붓고 나면, '이제는 되돌릴 수 없다'는 논리가 작동한다.

내면에서는 '이 길이 아닐 수도 있다'고 의심하지만, 그 의심을 인정하면 지난 시간이 부정당하는 것 같아 견디기 힘들다. 이때 사람은 좋지 않은 선택을 한다. 의심을 해결하는 대신, 눈과 귀를 닫고 자신이 선 길을 강하게 옹호한다.

"다른 길은 위험해, 이 길만이 정답이야."

길을 설명하는 것과 옹호하는 것은 다르다. 설명은 사실을 말하지만, 옹호는 두려움을 덮는 일이다.

C. 조용한 비용: 자율성의 상실

—

경로를 유지하는 데는 돈뿐만 아니라 보이지 않는 대가가 든다.

학점, 스펙, 야근, 상사의 비위. 하지만 진짜 비용은 자율성과 고유한 리듬의 반납이다.

질문이 바뀐다. 처음에는 '나는 이 일을 좋아하는가?'(선호)를 묻지만, 갈수록 '여기서 벗어나는 비용을 감당할 수 있나?'(공포)를 묻는다.

성공할수록, 직급이 오를수록 잃을 게 많아져 움직이지 못하게 되는 역설. 성공한 사람들이 겪는 공허함의 정체다.

초기 우위가 주었던 마진[5]은, 경로를 유지하기 위한 비용으로 대부분 사라진다.

3 냉장고와 책상
의지를 대체하는 배치의 기술

혼란에서 벗어나려면 외부 시스템이 아닌 나만의 시스템이 필요하다. 무언가를 시작하고 변화를 결심하게 만드는 동력은 분명 단호한 의지력이다. 하지만 그 변화가 무너지지 않도록 끝까지 지탱하는 힘은, 의지력을 연료로 태우는 소모전에서 나오지 않는다.

집중을 둘러싼 가장 큰 착각은, 오직 의지력에만 달려 있다는 믿음이다. 집중이 흐트러질 때마다 환경을 살피는 대신, 자신의 부족함을 탓하며 자책한다. 본성에 모든 책임을 떠넘기는 책임 회피다.

현장의 진실을 보기 위해, 열심히 하겠다는 수험생의 책상부터 검증한다. 중앙엔 문제집, 오른쪽엔 엎어둔 스마트폰, 왼쪽엔 참고서.

이 사람은 집중하고 있는가? 아니다. 그는 지금 저항하고 있다. 스마트폰을 보고 싶은 충동, 쌓인 자료가 주는 압박감과 싸우느라 이미 에너지를 쓰고 있다. 정작 공부에 쓴 시간은 얼마 되지 않는다.

의지는 근육처럼 고갈된다. 다이어트의 실패 과정은 이 한계를 정확히 보여준다. 밤 11시, 체력이 바닥난 상태에서 냉장고를 열고 콜라를 참아내는 것은 가혹한 소모전이다. 다짐으로 본성을 이겨내겠다는 건 애초에 질 수밖에 없는 구조다. 이런 변동성 위에 집중을 세우면 시스템은 무너진다.

반면 배치는 의지력과 무관하게 행동을 유도하도록 설계된 외부 구조다. 승자는 밤 11시에 냉장고 앞에서 허벅지를 찌르며 참는 사람이 아니다. 이성이 또렷하게 작동하는 낮 2시의 마트에서 아예 콜라를 카트에 담지 않은 사람이다. 유혹과 싸우는 대신, 유혹이 존재하는 전장 자체를 사전에 지워버린 것이다.

가장 의지가 강한 사람은 도중에 지쳐 사라진다. 끝까지 살아남는 자는 그 의지가 방전되지 않도록 보호해 주는, 가장 잘 배치된 시스템을 구축하고 매일 실행한 사람이다.

스마트폰을 서랍에 넣는 것을 넘어 아예 다른 방에 던져두고, 오늘 집중할 단 하나의 창만 모니터에 남기는 물리적 차단. 의지력을 유혹과 싸우는 데 소모하지 않고, 나를 보호할 시스템을 설계하는 데 먼저 투입하는 전략이다. 결국 배치는 집중을 태도와 자책의 영역에서, 설계와 공학의 영역으로 이동시킨다.

4 환경 설계
결심하지 않고 시작하게 만드는 기술

집중은 단호한 결심이 아니라, 환경의 설계를 통해 유도되는 결과다. 여기서 배치란 물리적 환경만이 아니라 시간과 문장과 관계의 조건까지 포함해, 본능적인 반응을 통제하도록 미리 짜 두는 질서다.

이를 실현하기 위해, 반복적으로 사용할 다섯 가지 도구를 정의한다.

A. 명명

—

책임의 대상을 구체적으로 이름 붙인다. 현장에서 '우리 모두 열심히 하자'는 식의 구호는 실패하기 쉽다. 인지회로는 명확한 신호가 없으면 작동하지 않기 때문이다.

"오늘 3시까지 기획안 초안 작성"이라고 과업이 구체적으로 정해질 때 비로소 집중이 시작된다.

B. 경계

—

멈출 시간과 범위를 물리적으로 확정한다. 인간은 종종 경계가 자유를 억압한다고 생각하지만, 집중의 세계에서는 그 반대다.

"이 선 안에서는 안전하다"는 확신이 있어야만 집중할 수 있다.

"저녁 7시까지 이 범위를 끝내고 덮는다"는 선포는 안전한 속도로 움직일 여지를 준다. 완벽주의는 경계 없는 상태의 다른 이름이다.

C. 퇴로

—

안전한 멈춤을 설계하여 돌아올 길을 확보한다. 집중이 무너졌을 때 궤도로 복귀할 수 있게 만드는 장치다.

"실패하지 않겠다"는 오만이 아니라, "실패를 감당하겠다"는 선언이다.

대안이 있을 때 사람은 역설적으로 더 과감하게 시도한다. 자아를 실행 결과와 분리하는 기술이다.

D. 기록

—

기억을 자산으로 전환하여 증거를 확보한다. 기억은 왜곡되지만 기록은 남는다. "왠지 부족한 것 같다"는 불안에 의한 표류다.

하지만 "오답 노트를 보니 특정 유형에서 60%의 오답이 발생했다"는 정확한 진단이다. 데이터만이 실패를 학습 재료로 바꾸고, 불안한 감정 대신 기록을 신뢰하게 만든다.

E. 재검토

—

모름을 관리하는 시점을 정해둔다. 인간의 본성은 불확실함을 견디지 못해 즉시 단정하려 한다. 재검토 시점[6]은 이 욕구를 차단한다.

"지금 당장 결정할 필요 없다. 매주 금요일 오후 2시에 다시 본다."

판단은 미루되, 다시 돌아올 시점만큼은 분명하게 정해두는 것이다.

이제 이 구조적 사고를 들고, 개인의 책상을 넘어 타인과 얽히는 조직의 현장으로 시선을 확장한다.

현장의 시계는 준비가 끝날 때까지 기다려주지 않는다. 더 잘하겠다는 욕심이 마감을 미루는 핑계가 되는 순간, 사람은 여전히 평가받길 기다리는 학생에 머물게 된다. 엉성한 뼈대라도 당장 밖으로 내놓아야 할 때, 필요한 건 대단한 결심이 아니라 완성본을 향한 건조한 제출이다.

❶ 상황 Signal

잘하고 싶은 욕심에 자료 조사와 구상만 반복하며 시간을 쓰고 있을 때(열심히 하는 것 같지만 결과물이 0일 때)

❷ 판단 기준 Check

- 나는 지금 돈을 내고 배우는 사람인가, 돈을 받고 증명하는 사람인가?(증명)
- 지금 하는 행동이 성과를 만드는가, 불안을 달래는가?(불안) → 전략: 준비는 일이 아니다. 질에 대한 집착을 버리고, 가장 빠르게 실패하는 초안을 내놓는다.

❸ 출력 문장 Output

(스스로에게) "돈 받고 하는 건 증명이다. 검색은 쇼핑이고, 초안이라도 내야 납품이다. 엉망이어도 좋으니 30분 안에 결과물을 뽑는다. 완성은 고치면서 한다."

장면 **12월의 회의실**

프로젝트 성공의 열기가 식기도 전인 12월의 회의실. 자축하던 박수 소리가 멎자마자, 인사팀의 공문 한 장이 테이블 위에 놓인다.

"하위 10%에게는 반드시 C등급(연봉 동결)을 부여할 것."

그 문장을 읽는 순간, 회의실의 온도는 영하로 떨어진다.

어깨를 걸었던 동료들은 순식간에 서로의 눈을 피한다. 김 과장은 보고서를 열어 '우리가'라는 주어를 황급히 '제가'로 고치고, 이 대리는 옆자리 동료에게 건네려던 핵심 자료를 슬그머니 서랍 속으로 밀어 넣는다.

모두의 침묵 속에서 단 하나의 문장만이 비명처럼 들린다.

'네가 실수해야, 내가 산다.'

대학과 취업이라는 관문을 넘는 순간, 사람은 긴 경쟁이 끝났다는 안도에 빠지기 쉽다. 그러나 그것은 경로가 설계해 둔 환상이다.

경쟁은 끝나지 않았다. 단지 그 형태를 바꿨을 뿐이다. 경로의 다음 단계로 진입하면 나를 평가하는 기준 자체가 바뀐다. 대학 시절의 상대평가와 노력은, 절대평가와 결과라는 새로운 잣대로 대체된다.

이 새로운 잣대가 지배하는 현장에서 경쟁은 더 이상 성적표를 놓고 벌이는 단순 게임이 아니다. 내 쓸모를 입증하고 설 자리를 확보하는 복합적인 생존 게임이다.

숫자뿐만 아니라 관계와 평판을 동시에 관리해야 하는, 훨씬 더 고차원적인 비즈니스가 시작된 것이다.

1 정치의 재정의
나쁜 처세술이 아니라 필요한 조정 능력

경쟁이 끝나지 않는다는 말의 실체는, 개인이 조직이라는 정치의 장에 들어섰음을 의미한다. 여기서 말하는 정치는 속임수나 사내 라인을 의미하는 부정적인 단어가 아니다.

정치는 "한정된 자원을 파국 없이 배분하는 고도의 조정 기술"이다.

예산, 인력, 승진 기회를 어디에 배치할지 결정하는 일은 구조적으로 기대와 실망을 동시에 낳는다. 자원은 유한한 반면, 욕망은 무한하기 때문이다.

대학의 경쟁이 시험지와의 1:1 대결이라면, 조직의 경쟁은 타인의 인식이 복잡하게 얽히는 다대다多對多의 전장이다. 승패를 가르는 것은 성과의 절대값이 아니라, 그 성과가 동료들에게 '어떻게 읽히느냐' 하는 해석값이다.

이 구조적 냉혹함이 가장 잘 드러나는 현장이 바로 연말 인사평가다. 내가 살기 위해 동료를 밟고 올라서야 하는 구조. 경쟁이 만드는 비극의 실체다.

조직 전체의 성과는 높아졌을지 몰라도, 구성원 간의 신뢰라는 자본은 0으로 수렴한다.

이 냉혹함 앞에서 프로는 억울해하지 않는다. 다만 계산할 뿐이다. 감정으로 호소하면 아마추어지만, 이익으로 설득하면 협상가가 된다.

이 전장에서 필요한 것은 단순한 업무 능력이 아니다. 자기 몫을 방어하기 위한 표면 관리와 정치력이다.

C등급이라는 폭탄은 구조상 누군가에게 반드시 돌아간다. 이 불가피한 긴장을 소모적인 갈등으로 방치할지, 아니면 납득 가능한 아픔으로 조정할지는 표면 관리(서로 상처 입지 않고 결과를 납득시키는 기술)에서 갈린다.

이는 감정을 건드리지 않고 평가의 기준을 사람에서 데이터로 옮기는 대화의 설계다. 표면은 진심을 숨기는 위선적 가면이 아니다.

누군가는 C를 받아야 하는 상황에서도, 동료의 인격을 훼손하지 않고 결과를 수용하게 만드는 윤리적 안전 통로다. 이 통로를 만드는 것은 평가의 언어를 주관에서 사실로 바꾸는 아주 사소한 습관에서부터 시작된다.

- **주어의 전환**: 회의실에서 "내 생각엔 김 대리가 부족해"라고 말하면 인신공격이 되어 전쟁이 시작된다.

하지만 "우리가 합의한 KPI(핵심 성과지표) 데이터에 따르면, 이번 분기 도달률은 이쪽이 낮습니다"라고 말하면, 개인의 비난이 아닌 공동의 확인이 된다.

- **공로의 분산**: 성과를 독점하려는 시도는 구조상 적을 만든다. 대신 기여의 지분을 구체적으로 나누어 언급할 때, 나의 S등급은 동료들의 박탈감이 아닌 납득할 수 있는 우리의 성과로 전환된다.

이 납득의 공간이 곧 여지다. 손익(C등급)은 바꿀 수 없어도, 수용의 조건(납득)은 만들 수 있다. 자원 배분에서 손해를 본 사람도 과정이 투명했고 자신의 기여가 훼손되지 않았다면 그 결정을 받아들일 수 있다. 또한 그 수용이 다음 분기의 협력을 지속시킨다.

2 노력의 함정
무조건 열심히 하는 것이 위험한 이유

학생은 평균 점수에 집중하지만, 실무자는 결과물의 흔들림(분산)을 줄이는 데 집중한다. 조직에 들어오는 순간, 능력의 정의는 개인의 성취에서 타인과의 연동성으로 이동하기 때문이다.

대학은 나 혼자 점수를 받는 독립 시행이지만, 조직은 내 결과물이 곧바로 타인의 일감이 되는 연쇄 시행의 공간이다. 결과를 떠나, 맡은 일에 묵묵히 책임을 다하는 성실함 자체는 충분히 존중받을 만하다. 하지만 이 촘촘한 구조에서 조직이 최종적으로 묻는 것은 투입된 노력의 양이 아니라, 그 결과물이 즉시 활용 가능한 자원인가 하는 점이다.

아무리 땀 흘려 만든 결과물이라도 오류가 있어 동료의 뒷수습을 요구한다면, 그 노력은 감동을 주지 못하고 결국 시스템의 비효율이라는 장부상 부채로 기록된다.

또한, 평균의 함정에서 벗어나야 한다. 직업의 세계에서 신뢰는 가끔 터지는 100점(최고값)이 아니라, 어떤 상황에서도 무너지지 않는 0점 방지(최저값)로 결정된다. 다음 두 유형의 인재를 비교해 본다.

- A유형(기복이 심함): [150, 50, 200, 0, 100].

기분 좋으면 대박을 터뜨리지만, 기분 나쁘면 사고를 친다. 관리자는 그가 언제 사고를 칠지 몰라 불안해하며, 그를 주시하는 데 막대한 에너지(관리 비용)를 쓴다.

- **B유형(기복이 없음)**: [80, 80, 80, 80, 80].

화려하지 않지만, 언제나 약속한 품질과 납기를 지킨다. 동료는 그를 믿고 별도의 확인 절차를 생략할 수 있다. 이 예측 가능한 신뢰 덕분에, 협업 비용(손발을 맞추는 데 드는 에너지)이 0에 수렴한다.

조직의 관점에서 A유형은 천재가 아니라 시한폭탄이다. 그의 높은 성과는 사고 수습 비용으로 고스란히 상쇄된다. 반면 B유형은 자산이다. 그의 기복 없는 태도는 조직에 예측 가능성이라는 비싼 가치를 제공한다. 반복 가능한 실력의 가치다.

우연히 낸 대박은 실력이 아니다. 그건 운이다.

진짜 실력은 컨디션이 최악인 날에도 바닥을 지켜내는 힘, 실수를 하더라도 빠르게 복구해 동료의 퇴근 시간을 지켜주는 능력에서 드러난다.

그것이 입사 이후에 요구되는 진짜 경쟁력이다. 따라서 방향 없는 성실함은 빚이 된다. 컨디션이 무너진 상태에서 억지로 책상을 지키는 야근은 성실함이 아니라, 내일의 판단력을 미리 대출해 쓰는 잘못된 선택일 수 있다. 이때 필요한 것은 멈추는 용기다.

하지만 단순히 힘들다는 이유로 업무를 중단하는 것은 무책임해 보일 수 있다. 멈춤의 선언에는 피로의 호소가 아니라 결과물의 리스크와 복구 계획이 함께 담겨야 한다. 무작정 밤을 새우는 대신, 리스크를 통제하는 거래를 제안하는 편이 낫다.

"지금 상태로는 속도보다 실수 가능성이 더 큽니다. 오늘 억지로 밀기보다, 내일 오전까지 오류 없이 마무리하는 편이 결과물에는 더 낫겠습니다. 일정은 제가 책임지고 맞추겠습니다."

이 선언은 게으름의 고백이 아니다. 체력 소모로 발생할 에러를 차단하고 결과물의 품질을 방어해 내는 직업적 태도이자, 시간 대신 확실성을 담보로 하는 프로의 협상이다.

3 평판 관리
화려한 한 방보다 예측 가능한 꾸준함

입사 이후의 끝나지 않는 경쟁에서 승패를 가르는 또 다른 핵심 요소는 협업 기억(동료들의 머릿속에 저장된 나의 지난 행동)의 관리다.

대학의 경쟁은 일회성이다. 어제의 시험 점수가 오늘의 과제에 영향을 미치지 않는다. 그러나 조직의 경쟁은 연속적이다. 어제의 행동은 협업 기억이라는 이름으로 타인의 머릿속에 기록된다. 이 기록은 다음 일의 파트너로 다시 불릴지 여부를 결정하는 중요한 자산이 된다.

여기서 반복 가능한 실력의 가치가 다시 한번 증명된다. 조직이 장기적으로 신뢰하는 인재는 다시 맡겨도 오차 범위 내에서 같은 결과를 만들어내는 사람이다. 천재의 높은 평균은 종종 치명적인 최저점을 감추는 통계의 착시일 수 있다.

일류의 본질은 타인을 앞서는 서열이 아니다. 구조의 관점에서 보는 일류란, 어떤 압력에도 붕괴되지 않는 하한선을 스스로 설계하고 방어하는 역량이다. 재능의 문제가 아니라 구조의 문제다.

- **안정성**: 같은 노력에 같은 결과가 나오는 힘
- **회복 속도**: 실패 이후 복귀 시간을 줄이는 탄성
- **누적**: 반복할수록 실력의 바닥이 높아지는 구조

이 세 가지가 일류를 구성하는 구조적 조건이다. 조직은 하한선이 흔들리지 않는 사람을 신뢰한다. 그 신뢰는 결과물만이 아니라, 일하는 흐름이 얼마나 투명하게 공유되는가에 따라 더 선명해진다.

실수를 해도 어디서 틀렸는지 보이고 언제 고쳐질지 예측할 수 있는 사람은 신뢰를 얻지만, 마감 직전까지 침묵하다 결과물만 내

놓는 방식은 계산이 서지 않는다. 결국 투명한 공정 그 자체가 신뢰라는 자본이 된다.

4 숫자와 원칙
당장의 실적보다 신뢰를 남겨야 하는 순간

경쟁은 승진의 문턱에서 더욱 날카로워진다. 이때 위험한 것은 속도의 압박이 합리적인 판단을 집어삼키는 것이다. 승진 속도를 맞추려 당장 눈에 보이는 숫자(실적)만 쫓는 건 손쉬운 유혹이다.

하지만 이 방식은 협업 기억을 파괴하는 비싼 대가를 치른다. 숫자를 위해 원칙을 무시하고 동료의 공로를 가로채는 행위는 당장의 승진을 앞당길 수는 있다. 하지만 신뢰 자본에는 치명적인 적자를 남긴다.

이익을 위해 존엄을 맞바꾼 대가다. 이는 규범과 자존의 가치를 고의로 훼손하는 명백한 회계 부정이다. 이 선택은 승진과 동시에 스스로를 고립시키는 부채가 된다. 믿을 수 없는 사람과 다시 일하려는 동료는 없기 때문이다.

경쟁은 끝나지 않았는데, 다음 라운드의 중요한 자산인 신뢰를 스스로 파괴한 것이다. 그래서 숫자 관리만으로는 부족하다. 표면과 기억을 함께 관리하는 구조가 필요하다.

회의록에는 내가 한 일보다 우리가 결정한 근거를 앞세우며 성과를 시스템의 몫으로 돌리고, 보고서의 숫자 뒤에는 기여한 동료의 이름을 병기한다. 혹시 모를 나의 도약이 동료에게 박탈감이 되지 않도록, 마음의 빚을 선제적으로 관리하는 방식이다.

반대로, 동료의 도약을 지켜봐야 하는 입장에서도 원칙은 동일하다. 질투는 비효율적인 에너지 누수다. 그를 깎아내리는 대신, 그의 상승 기류에 올라타는 편승을 택한다. 박탈감은 타인의 속도와 나를 비교하는 순간 작동하지만, 지분을 확보하면 공동의 자산이 된다.

냉정하게 내 기여분이 그의 성과에 기록되었는지를 확인하고, 그의 성공을 나의 포트폴리오로 연결한다. 잘나가는 동료는 질투의 대상이 아니라, 나를 위로 끌어올려 줄 성능 좋은 엔진이다.

경로를 통과한 후의 장기전은 숫자의 높이를 겨루는 높이뛰기가 아니다. 기복 없는 태도로 신뢰를 증명하고, 소진 없이 자원을 배분하는 정치력의 싸움이다.

시스템이 보호하던 구간을 지났다고 해서 압력이 사라지는 것은 아니다. 레일이 사라진 빈 공간을 막막함이라는 더 무거운 중력이 채울 뿐이다.

이제 탑승객의 자리에서 내려, 직접 길을 닦는 설계자가 되어야 한다. 설계자가 되어 가장 먼저 마주하는 것은 '길이 안 보인다'는 막막함이다.

진짜 승부는 바로, 모른다는 상태를 견디지 못하는 조급함과의 싸움에서 시작된다.

본인만 빠진 메일 참조나 회의 소집을 발견하면, 먼저 불쾌감이 올라온다. 하지만 그 감정을 그대로 내뱉으면, 서운함을 호소하는 투정으로 전락한다. 내 몫의 정보를 탈환하려면, 표정 대신 업무 리스크 방어라는 명분을 쥐고 정보망으로 걸어 들어가야 한다.

❶ 상황 Signal

주요 회의나 업무 메일에서 배제, 나만 모르는 상태로 일이 진행될 때

❷ 판단 기준 Check

- "왜 나를 뺐어?"라고 말하면 사적인 서운함으로 비치는가? (예)

- 이 정보를 모르면 내 업무에 문제가 생기는가? (예)

  → 전략: 서운함(감정)을 배제하고, 리스크 관리(책임)를 명분으로 내세워 정보망에 재진입한다.

❸ 출력 문장 Output

"참조가 빠져서 뒤늦게 봤습니다. 제 업무와 직결된 건이라, 제가 실시간으로 알아야 사고를 막습니다. 다음엔 꼭 넣어주십시오."

대화가 실패하고 관계가 단절되는 근본적인 원인은 기술의 부재가 아니라 태도의 붕괴에 있다. 그 태도를 무너뜨리는 주범은 역설적이게도 잘하고 싶은 마음 그 자체다. 이 열망이 불확실성과 만나는 순간, 통제 불가능한 불안으로 변질되기 때문이다.

단정, 평가, 가르침은 타인의 여지를 먼저 깎아내린다. 이 습관들의 뿌리를 들여다보면 한 가지 사실이 드러난다. 사람의 성격적 결함이 아니라, 불확실성이라는 위협 앞에서 작동하는 생존 본능이다.

자아가 불안을 견디지 못할 때, 본능은 타인의 여지를 지우고 그 자리에 자신의 질서를 강요한다. 이 성급한 단정을 멈추고 여지를 회복하기 위한 대안이 바로 모름을 인정하는 것이다.

모름의 규율(정답 대신 가설로 두는 태도)은 지식의 양이나 논리의 우위를 겨루는 문제가 아니다. 내 판단의 불완전함을 인정하고, 타인의 해석을 나와 동등한 데이터(정보)로 대우하려는 인지적 결단(거부감을 덮어쓰는 의도적 개입)이다. 모름의 규율이 지향하는 바는 불안의 제거가 아니다. 불완전한 상태 그대로 공동 탐구의 장을 여는 데 진짜 목적이 있다. 불안을 강제로 제거하려는 시도는 거짓 확신이라는 폭력을 낳는다.

반대로 불안을 구조적으로 인정하는 순간, 여지는 열린다.

1 불안의 정체
모름을 두려워하는 본능

사람이 성급하게 결론을 내리고 타인을 재단하는 것은 악해서가 아니라 약해서다. 불확실성을 견디는 인지적 체력이 고갈되었기 때문이다.

본능은 불확실성을 생존을 위협하는 고비용 상태로 인식한다. 모호함은 끊임없는 정보 처리를 요구하며 막대한 에너지를 소모시킨다.

따라서 이 비용을 최소화하기 위해 인지적 종결 욕구(고민을 끝내고 싶은 충동)가 작동한다. 이는 진실 여부와 상관없이, 빨리 답을 내려 상황을 종료하고 싶어 하는 강력한 기제다.

- **평가**: 입체적인 상대를 납작하게 만드는 압축이다.
- **단정**: 가능성을 0으로 만드는 성급한 마침표다.
- **가르침**: 입력(경청)은 닫고 출력(말)만 높이는 일방통행이다.

타인을 향한 통제는 사람의 성격 문제가 아니라, 생존 본능이 에너지를 절약하기 위해 선택한 가성비의 결과다. 이 값싼 마취제는 당장의 불안은 잠재우지만, 그 대가로 진실을 볼 수 있는 눈을 멀게 하고 관계의 가능성을 차단한다. 이것이 여지가 사라지는 내적 알고리즘의 실체다.

A. 모름의 재정의: 무지가 아닌 오만의 경계

—

경로의 시스템은 정답을, 경쟁의 시스템은 결과를 요구한다. 이 구조 속에서 모름은 실패 또는 태만으로 여겨진다.

따라서 사람은 모름을 감추는 것으로 생존 전략을 습득한다. 문제는 모름을 감추기 위해 아는 척을 하게 된다는 점이다. 이는 자연히 오만한 태도로 이어진다.

여기서 정의하는 모름의 규율은 지식의 결핍인 '무지를 인정하라'는 단순한 요구가 아니다. '완벽하게 알 수 있다'는 지적 오만을 경계하라는 고도의 윤리적 요구다. 무지는 배움을 통해 채울 수 있지만, 오만은 인식의 문을 닫아버려 배움 자체를 불가능하게 만들기 때문이다.

인간이 가진 지식은 사실의 원본이 아니다. 선입견과 편견이라는 필터를 거쳐 재구성된 해석일 뿐이다. 결국 오만이란, 이 필터의 존재를 잊고 나의 생각을 곧 유일한 정답이라고 믿는 착각이다.

B. 불확실성 비용의 상호 분담

—

그러므로 모름의 선언은 회피가 아니라, 불확실성이라는 리스크를 함께 짊어지자는 명확한 비용 분담의 제안이다. 한쪽이 먼저 불완전함을 인정할 때, 상대방 역시 방어벽을 낮추고 합의 테이블에 앉는다.

상대를 꺾으려는 힘을, 서로를 지키는 구조로 전환하는 것이다.

2 불안 쪼개기
막연한 두려움을 구체적인 과제로

모름의 규율은 무책임한 방관이 아니다. 불안이라는 거대한 감정을 잘게 쪼개어, 각각에 맞는 처리 방식을 부여하는 공학적 분해 과정이다. 덩어리진 불안은 사고를 마비시키지만, 분해된 불안은 관리 가능한 데이터가 된다. 불확실성은 현장에서 보통 세 가지 형태로 나타난다.

첫째, 정보가 없는 침묵이다.

메일 답장이 없거나 결과 발표가 늦어지는 상황이다. 이때 사고 회로는 빈칸을 견디지 못한다. '거절인가? 실수했나?'라는 부정적 상상으로 공백을 채우려 든다. 이는 가짜 통제감이라도 얻으려는 뇌의 오작동이다.

해결책은 추측이 아닌 적극적 대기다. 빈칸은 빈칸으로 두어야 한다.

"금요일까지 답이 없으면 확인한다"는 시간 기준만 세우고, 판단 입력을 멈추는 것이 오작동을 막는 정확한 방법이다.

둘째, 정보가 충돌하는 모순이다.

매출은 올랐는데 불만도 폭증하는 경우처럼, 상충하는 신호가 동시에 들어올 때다. 대부분 복잡함을 피하기 위해 편한 정보 하나만 선택하고 나머지는 버리는 편향을 보인다.

하지만 모순은 제거 대상이 아니라 분석 대상이다.

"왜 두 가지 데이터가 동시에 존재하는가?"라는 질문이 필요하다. 섣불리 결론 내리지 않고 두 사실을 나란히 책상 위에 올려두는 행위가 편향된 결정을 차단한다.

셋째, 기준이 흔들리는 상황이다.

회사의 방침이 바뀌거나 시장의 룰이 변할 때다. 불안해진 자아는 "원래 일은 이렇게 하는 거야"라며 과거의 잣대로 상황을 통제하려 든다.

하지만 변화는 통제 불가능한 영역이다. 대비만이 가능하다.

"상황이 A면 B로, C면 D로 간다"는 시나리오가 준비되는 순간, 위기는 공포가 아니라 수행해야 할 업무 절차로 전환된다.

불안 해소의 핵심은 감정의 위로가 아니다. 불확실성의 성격에 맞는 대응 문법을 매칭하는 것이다.

3 판단의 유보
생각을 사실이 아닌 가설로 다루는 기술

판단을 잠시 멈추는 건 인내심의 문제가 아니다. 마음이 제멋대로 튀지 않도록 붙드는 일이다. 말을 내뱉기 전에, 생각의 뼈대를 먼저 세우는 과정이다.

- **선 긋기**: "내가 아는 건 여기까지"라고 먼저 자른다. 그 선이 있어야 내 해석이 타인의 자리를 다 덮지 않는다.

가르치려 하면 사람은 도망가지만, 모른다고 솔직히 말하면 사람은 다가온다. 이제 부족함은 숨겨야 할 약점이 아니라, 함께 채워야 할 빈칸이 된다.

- **얇은 봉인[7]의 원칙**: 사실과 생각을 철저히 분리하는 기술이다. 내 판단을 지울 수 없는 문신이 아니라, 언제든 교체 가능한 임시 가설로 규정한다.

이는 무책임이 아니다. 새로운 사실이 발견되면 더 나은 결론으로 교체하겠다는 전략이다.

- **재검토 시점의 설계**: 결정을 회피하는 것이 아니라, 판단을 종결할 시점을 뒤로 배치하는 것이다. 섣부른 단정으로 상대를 가두지 않기 위해, 검증이 끝날 때까지 빈 의자를 남겨두는 기술이다.

'결론은 그 시점에 내려도 늦지 않다'는 구조가 마련될 때, 사람은 쫓기지 않고 대상을 끝까지 지켜볼 수 있다.

4 책임의 착각
모른다는 말이 가장 확실한 대책이 되는 순간

모름의 규율을 실천할 때 가장 먼저 부딪히는 저항은 책임 회피로 보일지 모른다는 두려움이다. 사회는 단호한 목소리를 리더십으로, 유보적인 태도를 우유부단함으로 학습시켜 왔다.

책임의 본질을 오해한 것이다. 불확실성을 통제한 척하는 연기야말로 가장 큰 무책임이다. 모름의 규율은 방임이 아니라, 훨씬 더 높은 차원의 책임을 수행하는 과정이다.

많은 실무자가 상사 앞에서 "모르겠습니다"라고 말하는 것을 기피한다. 자신의 무능함을 자백하는 행위라고 생각하기 때문이다.

하지만 냉정하게 보면, 문제가 되는 지점은 모름 그 자체가 아니다. '대책 없음'이다. 모르는 것은 죄가 아니지만, 모르면서 아는 척하거나 대책 없이 손을 놓는 것은 시스템에 해악을 끼친다.

이때 필요한 기술은 단순한 부정을 확인 절차로 전환하는 화법이다. 만약 정확한 수치가 기억나지 않는다면 얼버무리는 대신, 검증의 시간을 확보한다.

"정확한 수치는 현재 확인이 필요합니다. 10분 내로 정확하게 체크해서 다시 보고드려도 되겠습니까?"

이 문장에는 모른다는 패배감 대신 검증하겠다는 주도성이 담겨 있다.

선언하는 순간, 사람의 무지는 무능이 아니라 신중함이라는 긍정적 정보로 입력된다. 모름의 규율은 바로 이 지점에서 완성된다.

결국 모름의 규율은, '설익은 지식으로 타인의 시간을 낭비하지 않겠다'는 예의다. 이 태도를 지키려면 멈춰 설 용기가 필요하다. 그렇게 모름을 인정하는 순간, 타인은 도구가 아니라 빈 곳을 채워주는 협력자가 된다.

불안은 감정으로 나타나지만, 그 감정을 키우는 원인은 정보와 기준의 부재다. 해법은 철저히 구조의 문제다. 규율은 감정적 방어를 내려놓고, 이성이 작동할 시간을 버는 기술이다.

판단을 잠시 멈춘 그 여백, 바로 그곳이 타인과의 만남이 시작되는 지점이다.

당장 답을 요구받는 압박 앞에서 침묵을 무능으로 착각하면, 빈 공간을 무리한 추측으로 채우게 된다. 모르는 것을 감추기 위해 억지로 말을 꾸며내어 리스크를 키우는 대신, 정확한 사실 확인을 위해 대기 시간을 벌어내는 제동이 필요하다.

❶ 상황 Signal

확신이 서지 않는데 즉각적인 대답이나 결정을 강요받을 때

❷ 판단 기준 Check

- 지금 바로 결론을 내릴 만큼 정보가 충분한가? (아니요)

- 빠른 대답이 정확한 대답보다 중요한가? (아니요)

  → 전략: 막연한 회피가 아니라, 정확함을 위한 필수적인 절차임을 명시한다.

❸ 출력 문장 Output

"지금 바로 답을 드리면 부정확할 수 있습니다. 확인해서 내일 오전까지 정확하게 말씀드리겠습니다."

1 번아웃의 실체
열심히 달렸지만 방향을 잃었을 때

몸은 멈췄는데 머릿속은 멈추지 못하는 상태.

번아웃은 흔히 에너지의 고갈로 오해받지만, 실제로는 방향과 속도의 균형이 깨진 오작동에 가깝다. 이는 단순한 육체 피로와 다르다. 무작정 쉰다고 해결되지 않으며, 오히려 멈춰 있는 시간이 회복이 아닌 불안을 증폭시키는 공백이 된다.

번아웃은 '어디로 갈 것인가(방향)'와 '얼마나 빨리 갈 것인가(속도)'가 서로 어긋나는 불협화음 상태이기 때문이다.

- **방향의 감각**(의미): 가야 할 곳을 정확히 쳐다보는 일이다. 이 시선을 놓치면 엉뚱한 길로 들어서서 헛고생만 한다.
- **속도의 감각**(현실): 엑셀과 브레이크를 번갈아 밟는 일이다. 쉴 새 없이 달리기만 하면 결국 엔진이 과열되어 도로 한복판에 멈춰 선다.

가야 할 곳은 먼데 속도가 따라주지 못하거나, 속도는 빠른데 가야 할 곳을 잃었을 때 무기력이 찾아온다. 그 어긋남이 누적되면, 결국 완전한 소진으로 출력된다. 대부분 이 진동을 오랫동안 방치한다. 조금만 더 버티면 된다고 다독이며 몸을 몰아붙이지만, 그럴수록 마음은 차갑게 식어간다.

결국 번아웃은 열정이 타버린 게 아니라, 내면의 의미와 현실의 속도가 빚어낸 지속적인 마찰열이다. 그 열기가 내부 구조에 회복하기 힘든 손상을 입힌 결과다.

2 위험 신호
말이 길어지고 마음이 차가워진다

번아웃은 내면이 붕괴되기 전, 두 가지 뚜렷한 외부 신호를 먼저 보낸다.

첫 번째 신호는 언어의 비대해짐이다. 보고의 첫 문장이 기형적으로 길어진다. 이는 논리의 밀도가 높아서가 아니다. 통제할 수 없는 불안을 문장의 길이로 덮으려는 구조적 허세다.

번아웃 상태에서 출력되는 문장들은 더 이상 보고서가 아니다. 생존을 위한 알리바이에 불과하다.

"현재의 지표 하락은 계절적 요인과 시장의 일시적 변동성에 기인한 것으로 보이나, 우리 브랜드가 지향하는 장기적 가치와…"

이 비대한 문장에는 무엇을 했는지(운용)가 없다. 대신 자신이 한 일이 왜 옳았는지(판정)만 남는다. 판정의 언어가 운용을 덮는 순간, 사실이 들어설 자리가 줄어들고 수정의 기회도 함께 사라진다.

두 번째 신호는 온도의 양극화다. 내면의 조절 능력이 사라지면, 반응의 온도는 중간 없이 둘로 나뉜다.

상황을 외면하는 차가운 냉소가 되거나, 사소한 자극에도 폭발하는 뜨거운 과잉으로 변질된다.

과잉된 열기는 입은 저만치 앞서가는데 발이 따라가지 못할 때 생긴다. "역사를 쓰자"는 거창한 구호로 현실의 구멍을 덮으려 하지만, 구성원에게는 희망이 아니라 감당하기 벅찬 부채로 남는다.

반대로 냉소는 이유를 잃어버렸을 때 찾아온다. 실패의 상처를 피하기 위해 "어차피 안 돼"라며 마음의 셔터를 먼저 내려버리는 사전 차단이다.

이 두 징후가 포착된다면, 사람은 휴식이 아니라 시스템의 재설계가 필요한 시점이다.

3. 회복의 기술
의지로 버티지 말고 시스템을 고쳐라

번아웃을 자원 배치의 관점에서 보면, 문제는 실패 자체가 아니라 복구 비용이 감당할 수 없을 만큼 비싸다는 데 있다.

'실패해도 좋다'는 말은 있지만 실패를 안전하게 처리할 시스템이 없기에, 조직의 학습은 멈추고 개인은 소진된다. 따라서 해법은 의지를 불태우는 것이 아니라, 닫힌 구조를 다시 열림으로 전환하는 교정이어야 한다.

이 과정을 세 가지 구체적인 설계로 정리한다.

첫째, 말의 범위를 먼저 자른다. 장황한 언어를 끊는 첫 단추는 판단 구간을 스스로 좁히는 일이다.

"이것은 중요하므로"라며 의미를 장식하는 대신, 지금 책임지는 구간만 잘라 말한다.

"나중 일은 접어두고, 실무 책임자로서 딱 하나만 놓고 보겠습니다. 이번 분기 안에 퀄리티가 나오냐, 안 나오냐입니다."

이렇게 범위를 좁히면, 내 말은 절대적 정답이 아니라 검토 가능한 작업 가설로 남는다. 반대 의견도 존재 부정이 아니라 다른 입력값으로 처리된다.

둘째, 한 번에 다 걸지 않는다(얇은 봉인). 과잉된 열기는 실패 시 퇴로가 없다는 불안에서 온다.

이를 끊는 기술이 얇은 봉인(포스트잇처럼 가볍게 붙여두는 것)이다. 결론을 내리되, 재검토의 조건(시점과 근거)을 함께 남긴다. 수정할 권리를 미리 확보해두면, 결정은 무거운 짐이 아니라 유연한 가설이 된다.

"언제든 다시 논의할 수 있다"는 재검토의 보장만이 숨 쉴 공간을 만들어준다.

셋째, 용도를 분리한다(숫자와 의미의 배치). 숫자는 "우리는 위대하다"고 외치는 박수갈채가 아니다.

"우리는 정확히 여기까지 왔다"는 사실을 보증하는 서명이어야 한다.

주장의 영역(언어)과 증명의 영역(숫자)은 분리된다. 숫자가 감정의 도구로 쓰이지 않을 때, 비로소 현실의 속도와 내면의 의미가 마찰 없이 맞물린다.

4 호의의 역설
사적인 호의가 구조를 무너뜨리는 순간

사적인 영역에서 호의는 관계를 매끄럽게 만드는 쓸만한 도구다. 흔히 이런 온정을 선으로 추켜세우고, 철저한 계산을 매정하다고 깎아내린다.

하지만 이 선의가 매뉴얼로 굴러가는 공적 시스템에 무단 침입하면 구조는 달라진다. 절차를 벗어난 친절은 언제 어떤 방식으로 되갚아야 할지 아무도 모르는 보이지 않는 빚으로 전락한다.

호의는 달콤하지만, 그 청구서는 예고 없이 날아온다. 그 빚이 발생하는 구체적 장면을 해부하여 선의가 구조를 무너뜨리는 과정을 따라간다.

타닥타닥. 키보드 소리만 날카롭게 울리는 밤 11시. 마감을 앞둔 팀장의 눈은 충혈되어 있고, 사무실 공기는 팽팽하다.

그때, 등 뒤에서 따뜻한 온기가 훅 끼쳐온다. 1년 차 팀원 A가 캔커피를 내려놓으며 말을 건넨다.

"팀장님, 많이 힘드시죠? 이거 드시고 하세요. 그리고... 혹시 제가 도울 일은 없을까요? 저 아직 안 가도 괜찮습니다."

캔커피의 따스함과 고통을 분담하겠다는 성실한 호의가 들어오는 순간, 팀장의 긴장이 풀린다.

그는 무의식적으로 건너편을 본다. 정시 퇴근한 팀원 B의 자리는 이미 불이 꺼져 있다. 그 어둠과 A의 미소가 겹치는 찰나, 팀장의 머릿속에 위험한 생각이 스친다.

'역시... 결국 일은 사람이 하는 거야.'

이 순간, 시스템의 붕괴가 시작된다. 겉보기엔 따뜻한 동료애지만, 회계의 관점에서 보면 공적인 규칙이 사적인 감정에 의해 잠식당하는 사건이다.

이때의 커피 한 잔과 야근은 조직의 공식적인 보상 체계(월급, 인사 평가)로는 측정되거나 청산될 수 없다. 따라서 이 고마움은 공식적으로 상환 불가능한 보이지 않는 빚으로 남아, 팀장의 무의식 속에 부채감으로 쌓인다.

이 사소한 장면은 호의를 베푼 A, 원칙을 지킨 B, 호의를 받은 팀장 모두의 관계에 균열을 낸다. 규칙의 일관성이 흐려지고 업무의 경계가 모호해지는 순간, 조직의 혼란은 시작된다.

첫째, 행위자 1(직원 A)이 겪는 기준의 혼선이다.

A는 '나는 상사를 도운 의리 있는 사람'이라는 자의식을 얻는다. 이는 자존심의 일시적 흑자다. 하지만 그는 곧 해석의 부담이라는 인지적 부채를 떠안게 된다.

나중에 좋은 평가를 받더라도 '이게 내 실력인가, 충성심 때문인가?'라는 자기 의심을 피할 수 없다. 그는 자신의 여지를 창의적인 업무에 쓰지 못하고, 자신의 공정함을 증명하려는 소모적인 자기검열에 쓰게 된다.

혹은 반대로 '그때 도왔으니 봐주겠지'라는 부당한 기대를 품어 성장의 기회를 놓치기도 한다.

둘째, 행위자 2(동료 B)가 겪는 원칙의 무기력함이다.

이 장면을 전해 들은 B는 단순한 질투를 넘어선, 설명되지 않은 불신을 느낀다. 이는 규칙이 작동하지 않는다는 신호다.

'A의 성과는 업무 능력인가, 야근까지 자처한 의전인가?' 이런 의심은 임의성에 대한 공포를 낳는다. 공적 시스템(규칙)이 사적 호의에 의해 흔들릴 수 있음을 감지한 순간, B는 더 이상 시스템을 신뢰하지 않는다.

'열심히 일해봤자 소용없다'는 무력감이 스며들고, 조직의 협업 비용은 증가하며 학습은 멈춘다.

셋째, 행위자 3(상사)이 겪는 리더십의 손실이다.

상사는 고마움이라는 사적인 만족을 얻는 대가로, 공적인 시스템의 규칙을 훼손한다. 상사는 고작 커피 한 잔과 몇 시간의 야근으로, 조직의 질서라는 비교할 수 없는 가치를 지불한 셈이다.

5 거절의 원칙
애매한 태도 대신 명확한 문장으로

관계가 무너지는 원인은 대부분 악의가 아니라 규칙의 공백에 있다. 빈 공간이 생기면 그 틈으로 사적인 감정이 스며들기 마련이다.

흔히 리더들은 "나는 공정할 자신이 있다"고 말한다. 신뢰할 수 없는 약속이다. 사람의 의지란, 상황에 따라 언제든 흔들릴 수 있는 불안정한 기반이기 때문이다.

따라서 해법은 흔들리는 마음을 다잡는 것이 아니라, 흔들리지 않는 구조를 세우는 데 있다. 감정을 섞는 대신, 정확한 문장의 배치와 기록으로 명분을 쥐는 것이다.

먼저, 반응 속도를 조절하는 대응 스크립트를 준비한다. 호의를 받는 찰나, 반사적으로 출력될 문장을 입에 붙여 두어야 한다. 이것은 거절이 아니다. 시스템의 오류를 막아주는 메뉴얼이다.

"마음은 고맙지만, 이 업무는 제가 혼자 집중해서 끝내는 게 편합니다. 먼저 퇴근하세요."

이 문장은 다음 기능을 수행하며 상황을 정리한다.

- **상대의 자존 보호**: "마음은 고맙지만"으로 호의를 수용한다.
- **공적 역할 경계**: "혼자 끝내는 게 편합니다"로 희생이 의무로 변질되는 것을 막는다.
- **상황 종결**: "먼저 퇴근하세요"로 물리적 접속을 차단한다.

이 스크립트가 준비된 상태에서만, 불필요한 마음의 빚은 발생하지 않는다.

다음으로, 머릿속의 기억을 눈앞의 기록으로 덮어쓴다. 만약 이미 호의를 받았다면, 판단의 기준을 내 머릿속의 서사가 아닌 외부의 데이터로 옮겨야 한다.

"그가 나를 위해 얼마나 고생했는지"에 대한 기억이 평가를 흐리려 할 때, "그의 성과는 객관적으로 B등급이다"라는 데이터를 강제로 띄워 감정을 덮어버리는 것이다. 이를 위해 평가 시즌에는 물리적인 환경부터 통제한다.

메신저 창은 닫고, 오직 차가운 결과물 파일만 모니터에 띄워둔다. 시각 정보에서 감정을 지우고 사실만 남겨야 시스템의 중립성을 지킬 수 있다.

평가를 받는 입장에서도 이 원칙은 유효하다. 상사가 감정을 지우고 모니터만 볼 때, 화면 속에 내 고생의 서사는 없다. 오직 결과값만 남는다.

억울함을 호소하는 대신, 내 노력이 상사의 언어(데이터)로 번역되어 있는지를 점검한다. "밤을 새웠습니다"라는 감정의 언어는 기각되지만, "마감일을 3일 단축했습니다"라는 팩트의 언어는 기록된다.

상사의 차가운 기록 위에, 나를 증명할 수 있는 뜨거운 숫자를 박아넣는 것. 그것이 실무자가 갖춰야 할 진짜 생존술이다.

공과 사의 경계는 눈치라는 소프트웨어가 아니라, 문장과 기록이라는 하드웨어로 구축된다. 눈치는 에너지를 소모하지만, 문장은 에너지를 보존한다. 균열의 실체는 누군가의 도덕적 결함이 아니다. 그저 개인의 부채를 회사의 자원으로 갚으려 했던 회계상의 착각일 뿐이다.

사람을 비난하지 않고 무너진 구조만 담담하게 바로 세우는 태도야말로, 번아웃을 막는 근본적인 해법이다.

불필요하게 새어 나가던 에너지를 막았다면, 남은 힘은 생존을 위해 다시 배치된다. 중요한 것은 한 번 뜨겁게 타오르는 것이 아니라, 어떤 충격에도 멈추지 않고 계속 작동하는 것이다.

시선은 이제 '어떻게 막을 것인가'에서 '어떻게 유지할 것인가'로 이동한다. 위기를 돌파하는 힘은 속도가 아니라, 기복 없는 꾸준함, 즉 낮은 변동성에 있다.

> 방향이 어긋난 것을 알면서도 멈추지 못하는 이유는 멈췄을 때 감당해야 할 수습이 두렵기 때문이다. 하지만 잘못된 길에서 속도를 내면 나중에 치러야 할 비용만 커질 뿐이다. 달리는 관성을 강제로 끊어내고, 당장 멈춰 서서 방향부터 다시 맞춰야 한다.

❶ 상황 Signal | 속도와 의미가 어긋나 내면의 에너지가 고갈될 때

❷ 판단 기준 Check
- 우리가 지금 맞는 방향으로 가고 있는가?(불확실)
- 무작정 달리는 것이 목적 달성에 유리한가? (아니요)
  → 전략: 멈춤을 게으름이 아닌 오차 점검으로 바꿔 읽고, 다시 맞춘 뒤 움직인다.

❸ 출력 문장 Output | "속도는 나는데 방향이 불안합니다. 이대로 가면 나중에 다 엎어야 할 수도 있습니다. 무작정 달리기보다, 지금 방향만 다시 맞추고 가시죠."

기억 속에 선명하게 대조되는 두 명의 기획자가 있다. 두 사람은 비슷한 시기에 사활을 건 프로젝트를 제안했고, 약속이나 한 듯 똑같이 최종 심사에서 탈락했다. 하지만 그 후의 궤적은 정반대였다.

기획자 A는 실패 후 현실에서 눈을 돌려버렸다. 그는 탈락을 자신의 무능력을 증명하는 낙인으로 받아들였다. 어쩌다 마주친 회식 자리에서 그는 심사위원들이 트렌드를 모른다며 세상을 원망하거나, 다음번엔 무조건 통과할 기막힌 아이디어가 있다며 호들갑을

떨었다. 결국 그가 남긴 것은 치유되지 않은 감정적 상처와 술자리 안주거리뿐이었다.

반면 기획자 B는 달랐다. 똑같은 탈락을 겪었지만, 그는 책상 앞에 앉아 탈락 사유서를 썼다. 원가 계산을 어디서 놓쳤는지, 타깃 고객의 니즈를 어디서 오판했는지 감정을 철저히 배제하고 숫자로 되짚었다. 1년 뒤 그는 보란 듯이 다른 프로젝트를 수주했고, 이전과 같은 실수를 반복하지 않았다.

B에게 실패는 부끄러운 과거가 아니었다. 기획 시스템을 업그레이드하기 위해 지불한 수업료이자 확실한 자산이었다. 두 사람의 차이는 능력의 우열이 아니다. 성공을 정의하는 기준이 달랐기 때문이다.

A에게 성공은 도달해야 할 하나의 목표였기에, 실패는 곧 끝이었다.

반면 B에게 성공은 지속해야 할 과정이었기에, 실패는 그저 지나가는 구간이었다.

사람은 흔히 성공이 무엇인지 묻는다. 이 질문에 대한 일반적인 대답은 경로의 이정표들과 일치한다.

원하는 대학 합격, 대기업 취업, 적령기의 결혼, 그리고 부와 명예.

이 모든 대답의 공통점은 성공을 하나의 단일한 이벤트로 규정한다는 점이다. '저 고지만 점령하면 인생은 완성된다'는 환상이다.

지속 가능성이라는 질문 앞에서 이 환상은 힘을 잃는다. 한두 번의 이벤트로 성공을 선언하거나 거창한 목표로 현재를 치장하는 일은, 일시적인 최고점을 자신의 평균값으로 착각하는 도박일 뿐이다. 이벤트에 기댄 정의는 수많은 사람을 소진시켰다.

이제 성공은 다른 방식으로 정의되어야 한다. 낙인이 아니라 흉터와 배움으로, 크기가 아니라 빈도와 분산으로 말이다.

1 실패를 대하는 태도
상처로 남길 것인가, 데이터로 남길 것인가

낙인은 자아와 결과를 동일시할 때 발생한다. 이 둘을 분리하는 순간, 실패는 상처가 아니라 다음 설계를 위한 데이터가 된다.

실수는 부끄러움의 대상이 아니라, 분석의 대상일 뿐이다.

낙인이 자존심에 새겨지는 심판의 주홍 글씨라면, 흉터는 내 시스템에 남은 생존의 기록이다. 훼손의 표식이 아니다. 오히려 충격을 견뎌내고 더 단단하게 결합되었다는 내구력의 증명이다.

어려움은 사람을 시험하는 것이 아니라 키우는 것이라는 말의 본질이 여기에 있다. 어려움은 학습이 거부된 환경에서는 번아웃을 낳는 가혹한 고문이다.

하지만 단단하게 구축된 질서 안에서는 배움을 낳는 양분이 된다. 배움이 곧 나아가는 힘이 된다는 원칙. 시스템이 흉터를 부채가 아닌 자산으로 축적하고 있다는 증거다.

기록된 실패는 더 이상 실패가 아니다. 그것은 다음 설계를 위한 정교한 데이터다.

2 성공의 기준
고점이 아니라 저점이 결정한다

이벤트 중심의 성공관을 폐기할 때, 성공의 척도는 크기에서 빈도로 이동한다. 핵심은 "로또처럼 얼마나 큰 대박을 터뜨렸는가"가 아니라, "성공하는 경험을 얼마나 자주, 규칙적으로 쌓았느냐"다.

그래서 성공을 잘게 쪼개는 전략이 필요하다. 아주 작은 것부터 성취감을 자주 맛보도록 목표를 재설정한다. 성취감을 우연에 맡기지 않기 위해, 하루의 가장 작은 약속부터 지켜내는 것이다.

'오늘 책 한 페이지 읽기'와 같은 최소 단위의 실행이다.

이 작은 누적들이 내 자존의 기초 체력을 만들어 준다. 반복적인 성공을 많이 해본 사람들이 갖는 특유의 정서적 안정감과 여유는 그들의 천성이 너그러워서가 아니다. 그것은 작은 실행이 누적된 결과다.

일류의 여유는 거창한 승리가 아니라, 이 집요한 누적에서 나온다. 성공은 최고점의 화려함이 아니라, 무너지지 않는 하한선을 쌓아 올리는 방식이다.

하루에 한 페이지를 꾸준히 365일 읽는 편이, 연말에 365페이지를 한 번에 몰아 읽는 것보다 압도적으로 견고하다.

흔들리지 않는 삶, 낮은 변동성의 힘이다.

3 성공의 비용
운을 실력으로 착각하지 않는 법

"성공은 운이 7할이지만 실패는 과학이 9할이다."

그래서 구조를 가진 사람은 평정심 속에서 불편한 것을 견디는 힘을 기른다. 여기서 불편한 것이란, 본성(즉각적 편향, 편안함 추구)

을 거스르고 질서(절차, 규율)를 따르는 행위다.

이 질서는 단순한 규칙이 아니다. 성취의 과정에서 사람이 소모되지 않고 끝까지 나아갈 수 있게 만드는, 안전하고 견고한 토대다.

운으로 한두 번 성공한 사람들은 이 질서를 구축해 본 경험, 즉 흉터가 없다. 단 한 번의 큰 성취가 자존을 잠시 일으켜 세우지만, 그다음이 이어지지 않으면 작은 실패 하나에 전체가 흔들린다.

시간이 흐를수록 선택의 대가는 커지는데, 누적된 기반이 없으면 그 대가를 감당하지 못한다.

"가난한 사람은 비싼 선택을 한다"는 말이 있다. 이것은 단순히 돈이 없어서 비싼 이자를 쓴다는 경제적 빈곤만을 의미하지 않는다. 그것은 질서와 여지가 없는 상태, 즉 구조적 빈곤을 말한다.

질서가 없으면 사람은 불안과 확증 편향 같은 본성에 기대어 판단하게 된다. 내면에 여지가 없으니, 당장 눈앞의 쾌락이나 안도를 위해 미래를 헐값에 팔아넘기는 것이다. 따라서 대가가 큰 선택을 세 가지로 분류한다.

- **미래를 파는 선택**: 단기적 이익(돈, 승진)을 위해 장기적 신뢰와 존엄을 희생시키는 거래다. 동료를 수단으로 삼거나 원칙을 어기는 행위는, 미래의 신뢰라는 우량 자산을 당장의 현금 확보를 위해 헐값에 파는 것과 같다.

이는 결국 훗날 감당 못 할 이자가 붙어 돌아오는 악성 고금리 대출로 남는다.

- **돌아올 길 없는 선택**: 돌아올 길을 남기지 않은 채 편도 티켓을 끊는 선택이다. 이번에 안 되면 끝이라는 식의 도박이다.
- **현실을 부정하는 선택**: 불편한 진실(증거)을 외면하고 희망과 감에 기대어 비용을 키우는 선택이다. 멈춰야 할 때 멈추지 못해 결국 파산에 이른다.

운으로 성공한 사람은 흉터(기록)가 없기에, 불편한 질서의 가치를 모른다. 그들은 본성에 따라 당장 편하고 쉬워 보이는, 그러나 구조적으로는 대가가 큰 선택을 반복한다.

4 진짜 성공
높이 올라가는 것이 아니라 매일 덜 흔들리는 것

따라서 성공을 다시 정의해야 했다. 성공은 경로 끝에 놓인 화려한 트로피로 결정되지 않는다. 무너진 자리의 흉터를 기록으로 전환하고, 불편함을 견디며 작은 실행을 쌓아 올린 질서다.

이 질서는 대가가 큰 선택을 피하게 하는 사유의 밀도이자, 흔들림 없는 삶으로 자존을 지탱하는 구조다.

진정한 성공은 '얼마나 높이 올라갔느냐'가 아니라, '얼마나 빨리 수습하고 다시 본 궤도로 복귀했느냐'다.

상처를 기록으로 바꾼 사람만이 경로가 주는 압력에서 벗어나, 자신만의 기준을 스스로 선택할 여지를 갖게 된다.

1등이 되기보다, 누구와도 비교할 수 없는 고유한 기준을 세우는 데 기록의 진짜 가치가 있다.

성공의 정의가 바뀌면, 사용되는 도구도 함께 바뀐다. 막연한 다짐만으로는 관계의 오작동을 막기 어렵다. 내부의 설계는 끝났다. 이제 남은 것은 가장 통제하기 어려운 현장인 타인의 세계에 이 구조를 적용하는 일이다.

1
진단

**"나를 지키는 건
뜨거운 다짐이 아니라,
매일 반복되는
차가운 습관이다."**

도구:
관계와 이익을 지키는 3가지 장부

말 한마디에 관계의 온도가 바뀐다. 금전적 손해가 없어도 마음은 닫힌다. 훼손된 것은 돈이 아니라, 상호 간의 신뢰와 예측 가능성이다.

경로의 압력[8](남들 따라 휩쓸려 가는 힘)은 허공에 떠 있지 않다.

동료와 상사, 가족이라는 관계를 매개로 개인에게 전달된다. 이 하중은 관계가 회계적으로 정돈될 때 견딜 수 있다. 보이지 않는 손익을 장부로 기록한다.

문을 여는 건 태도지만, 관계를 오래 지탱하는 힘은 예측 가능한 질서에서 나온다. 흔히 관계는 감성의 영역으로, 구조와 회계는 계산의 영역으로 밀어 넣는다. 하지만 현장의 진실은 그 반대에 가깝다.

관계를 무너뜨리는 것은 준비되지 않은 열정이고, 관계를 지탱하는 것은 설계된 질서다. 관계를 회계 언어로 다루는 이유도 계산

그 자체에 있지 않다. 감정의 기복에 맡기지 않기 위해서다. 결국 감정의 오르내림과 무관하게 작동하는 것은 구조화된 윤리뿐이다.

윤리는 태도만으로 유지되지 않는다. 태도는 쉽게 고갈되고, 선의 역시 흔들리기 때문이다. 공평하겠다는 다짐보다 피로에 지쳐 던진 한마디가 신뢰를 무너뜨린다. 마음은 남아 있어도 그 마음을 담아낼 그릇이 먼저 깨지기 때문이다.

협상은 구조의 부재가 가장 적나라하게 드러나는 현장이다. 사람은 숫자만으로 움직이지 않는다. 이익의 손해는 감수해도 존엄이 훼손되는 경험은 견디지 못한다. 그래서 단절은 돈보다 예측하지 못한 모욕에서 더 자주 시작된다. 협상을 이익의 흑자만으로 계산하면, 규범과 자존의 장부에서 결국 파산하게 된다.

웃으며 서명하고도 돌아서서 결별을 다짐하는 모순은, 보이지 않는 장부의 적자를 오래 방치한 결과다. 그러므로 협상은 단기적인 승리 기술을 벗어나 지속의 회계로 다시 읽혀야 한다. 여기서 말하는 회계는 단순한 금전 기록이 아니라, 관계의 균형을 맞추는 정밀한 기술이다.

관계는 세 개의 장부 위에서 거래된다. 이익, 규범, 자존이라는 세 층위를 함께 관리할 수 있을 때만 단절을 막을 수 있다. 이 세 가지 변수를 하나의 수식처럼 계산해야 하는 이유도 여기에 있다.

지속 가능성의 핵심 역시 호감 전략에 있지 않다. 상대가 싫어할 행동을 하지 않는 부작위, 곧 전략적 멈춤의 규율이 관계의 수명을 좌우한다. 신뢰는 선의의 총합이 아니라, 예측을 벗어나지 않는 일관성을 통해 증명된다.

언변보다 더 중요한 것은 위기 속에서도 실언을 막아내는 통제력이다. 이 기록은 인문학적 장식이 아니라, 소진을 막기 위해 축적해 온 현실적인 관계 공학이다. 이익 앞에서 품위를 잃지 않고, 승리 앞에서 관계를 훼손하지 않기 위한 기술이기도 하다. 사람을 지켜내는 것은 결국 따뜻한 말보다 무너지지 않는 구조다.

관계에서 합의가 필요한 순간, 협상은 화법의 기교가 아니라 서로 다른 세 가지 가치를 동시에 관리하는 회계 기술로 작동한다.

이를 통해 이익을 챙기면서도 사람을 잃지 않는, 지속 가능한 관계의 계산법을 확립한다. 문서와 숫자가 오가더라도, 최종 합의를 결정하고 행동을 좌우하는 동력은 따로 있다.

감정의 온도, 체면의 여지, 그리고 자기 서사다.

인간은 이익의 손해보다 자존의 훼손을 더 견디지 못하기 때문이다. 이익을 얻고도 관계를 잃는 협상이나, 성과를 내고도 스스로 무너지는 성공은 모두 같은 이유에서 비롯된다. 단 하나의 장부(이익)만을 관리하느라, 나머지 장부의 적자를 방치했기 때문이다. 지속가능한 구조는 세 개의 장부[9]를 동시에 흑자로 관리할 때만 가능하다.

이익利, 규범規, 자존自이라는 축이 바로 그 구체적인 회계 장부다. 이 기록이 추적해온 갈등과 붕괴(경로의 압력에 의한 소진, 평가와 단정이 낳은 단절, 내면의 붕괴)는 결국 이 세 가지 장부의 불균형에서 비롯된다.

단기적인 이익을 좇느라 규범과 자존을 훼손하면, 관계는 예고된 수순으로 무너질 수밖에 없다. 예고된 붕괴를 막아내는 힘은 막연한 다짐이 아니라, 오직 견고한 시스템에서 나온다.

1 이익의 장부
숫자로 증명해야 할 내 몫

이익 장부는 협상의 표면에 드러나는 가장 명확한 영역이다. 이 장부는 단가, 수량, 납기, 일정, 보상과 같은 측정 가능한 숫자와 경제적 이익을 기록한다.

- **핵심 가치**: 경제성, 효율성
- **관리 자산**: 숫자로 환산 가능한 모든 것
- **핵심 질문**: "그래서 우리는 무엇을 얻는가?"

이 장부의 흑자는 생존의 전제 조건이다. 적자가 누적되면 선택지는 줄고 협상력도 약해진다.

많은 협상은 이 이익 장부만을 기준으로 거래를 계산한다. 이 숫자의 명확성이야말로 위험한 함정이다. 이 장부에만 매몰되면, 협상은 승리가 목적인 승자독식 게임으로 전락한다. 단기적 이익을 위해 다른 두 장부에 막대한 부채를 기록하는 잘못된 계산이 시작된다.

이익 장부의 흑자는 지속 가능성의 필요조건일 뿐, 그것만으로 충분하다고 보기 어렵다.

2 규범의 장부
기분이 태도가 되지 않게 하는 규칙

규범 장부는 관계의 지속 가능성을 담보하는 핵심 기반이다. 이 장부는 절차의 투명성, 공정성, 약속 이행, 그리고 예측 가능성을 기록한다.

- **핵심 가치**: 원칙, 공정성
- **관리 자산**: 절차, 신뢰
- **핵심 질문**: "이 과정은 공정하고 예측 가능한가?"

규범 장부가 파산할 때 발생하는 부채는 제멋대로인 기준에 대한 공포다. 규칙이 기분에 따라 바뀌어 신뢰가 무너지면, 참여자들은 다음 행동을 예측할 수 없어 막대한 감시 비용을 지출하게 된다.

이 숨겨진 비용은 눈에 보이지 않지만, 이익 장부의 흑자를 안쪽에서부터 모두 갉아먹는다. 이익을 얻었지만 규범이 무너진 합의는, 서로를 불신하며 끊임없이 검증을 요구하는 고비용 구조로 전락한다. 내적 파국은 규범 장부가 파산하여, 나의 노력이 공정하게 기록되거나 예측 가능한 절차로 보상받을 것이라는 믿음이 사라진 상태다.

규범은 관계의 척추이며, 이 척추가 무너지면 어떤 이익도 오래 지탱될 수 없다.

3 자존의 장부
자존심이 상하면 이익도 의미 없다

자존 장부는 협상의 가장 깊은 곳에 있는 인간의 영역이다. 이 장부는 체면, 명분, 존엄성, 정체성, 그리고 자율성이 '훼손되지 않고 존중받았다'는 감각을 기록한다.

- **핵심 가치**: 존엄성, 정체성
- **관리 자산**: 사람 그 자체, 자기 서사
- **핵심 질문**: "나는 이 과정에서 존중받았는가?"

자존 장부가 파산할 때의 결과는 감정적 폭발, 혹은 관계의 파산이다. 이익의 손실은 돈으로 메울 수 있지만, 훼손된 존엄을 돈으로 보상하려면 훨씬 더 비싼 대가를 치러야 한다.

평가와 단정, 가르침의 습관이 자존 장부를 직접 공격하는 폭력이 되는 이유가 여기에 있다. 자존 장부에 적자가 기록되는 순간, 상대는 이익을 포기하고서라도 이 관계를 파괴하는 복수를 선택하기도 한다.

이 장부는 행동을 지속시키는 엔진이다. 설령 이익에서 손해를 보더라도, 명분과 존중이 확보되면 자기 서사는 무너지지 않는다. 그 일관성이 다음 행동을 가능하게 만드는 동력이 된다.

결국 사람을 존중한다는 것은, 이 자존 장부가 파산하지 않도록 관리하는 정교한 회계 기술이다.

4 관계의 파산
장부의 불균형이 부르는 결과

이러한 파산은 우연이 아니다. 회계적으로 예측 가능한 결과다. 눈앞의 흑자를 위해 보이지 않는 두 장부를 희생시킨 대가가, 정해진 수순대로 청구된 것이다.

사례 1 | 오작동: 번아웃

신제품 마감을 일주일 앞둔 회의실. 팀장은 일정을 맞추기 위해 무리수를 던진다.

"이번 주말은 다들 반납합시다. 어떻게든 기한 안에 출시해야 우리가 삽니다."

팀원들의 동의를 구하는 절차(규범)는 생략되었고, 개인의 시간적 한계(자존)는 묵살되었다. 숫자(이익)는 일시적으로 달성될지 모르나, 시스템에는 강압과 모멸감이라는 부채가 쌓인다. 팀원들은 학습을 멈추고 방어를 시작하며, 이 숨겨진 비용이 결국 조직을 멈추게 한다. 이것이 번아웃의 회계적 실체다.

2 | 오작동: 착한 선택의 함정

금요일 오후, 팀장은 개인 사정으로 힘들어하는 막내 팀원에게 슬그머니 다가가 말한다.

"오늘 힘들지? 눈치 보지 말고 일찍 들어가."

팀장은 좋은 사람이 되기 위해(자존 흑자), 모두가 지키는 근무 원칙을 어기고 예외를 허용했다(규범 적자). 이 결정은 특혜를 발생시켜, 묵묵히 원칙을 지키며 자리를 지킨 나머지 팀원들의 마음에 불공정이라는 명확한 적자를 기록한다. 착한 선택은 종종 규범 장부를 파산시키는 가장 교묘한 회계 부정이다.

3 | 정상 작동: 자발적 손실

협상가는 납품 과정에서 발생된 미세한 하자를 먼저 발견하고, 상대가 요구하기도 전에 이렇게 대응했다.

"계약서상 배상 책임은 없습니다(이익). 하지만 저희 내부 품질 기준 미달입니다(규범). 불량인 걸 알면서 납품하는 건 납득이 안 돼서(자존), 비용은 제가 감당하고 전량 다시 제작해 드리겠습니다."

이 결정은 단기적인 이익 장부에 적자를 감수하는 선택이다. 하지만 그 대가로 불필요한 마찰을 줄여, 결과적으로 자신을 지키는 데 훨씬 유리한 구조를 만든다.

돈을 내어주고 신뢰를 남기는 선택은 막연한 희생이 아니다. 세 개의 장부를 통해 감당할 수 있는 선택의 범위를 정확히 산출해 내는 회계 기술이다.

5 관계의 본질
오래가는 것이 강한 것이다

이 지점에서 질문은 단순하다.

'이익을 챙겼는데 왜 사람은 떠났는가. 균열은 언제 시작되었는가.'

궁극적으로 세 개의 장부는 관계의 지속이라는 단 하나의 최종 목표에 모아진다. 이 목표는 상대를 압도하는 승리가 아니라, 함께 버티는 공존의 영속성이다.

지속 가능한 협상은 이익을 극대화하는 것이 아니라, 세 개의 장부 모두를 흑자로 마감하는 것이다. 장기전에서는 규범 장부가 흑자를 쌓고, 자존 장부가 균형을 지키는 쪽으로 이동한다.

협상의 이익이 커도, 제멋대로인 기준과 모욕의 비용이 쌓이면 전체 수지는 무너진다. 당장의 마진 10%를 더 남기려다, 다음 계약 전체를 잃게 되는 상황을 많은 현장에서 흔히 목격한다.

이 책의 모든 사유와 문장은 이 세 개 장부의 균형을 지키는 데 집중된다. 단기적 승리를 위해 규범과 자존이라는 무형 자산을 소진시키는 것은, 장기적으로 자신의 존재와 관계를 파괴하는 비싼 부채를 쌓는 행위다. 신뢰는 착한 마음이 아니라, 정확한 계산이다. 당장의 이익 때문에 룰을 깨거나 상대를 짓밟지 않는 판단, 그래야 관계가 오래 간다는 걸 아는 기술이다.

이제 필요한 것은 적자를 흑자로 전환할 구체적인 운용 기술이다. 이 운용은 상대를 강제로 굴복시키는 힘이 아니라, 물러설 길을 먼저 열어주는 예禮에서 시작된다.

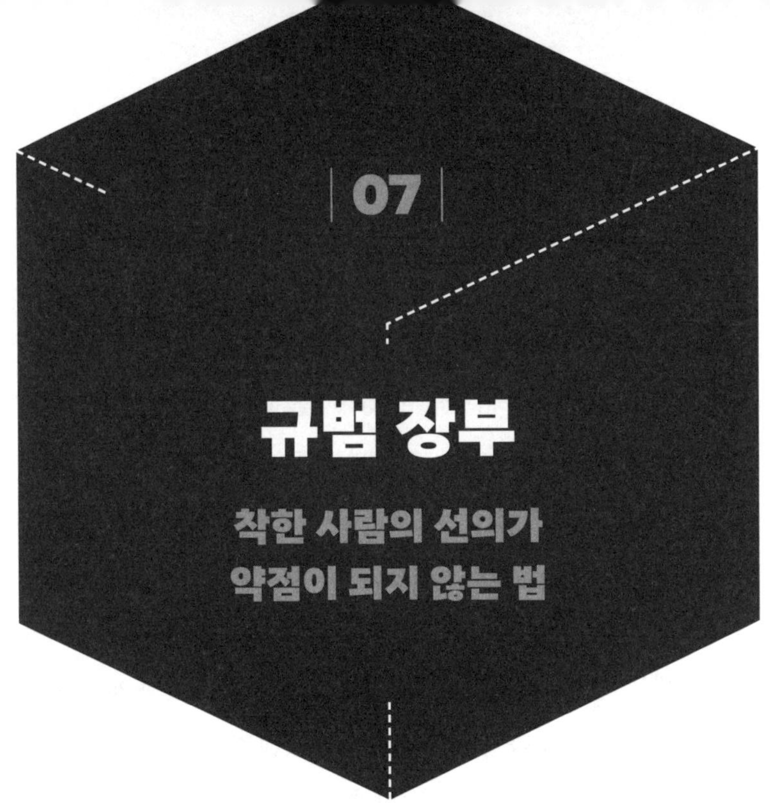

같은 실수인데 어제는 넘어가고 오늘은 청구서가 날아온다. 규칙이 있는 듯 보이지만, 실제 판정은 기분과 권위가 내린다.

그 순간부터 조직은 업무가 아니라 해석을 수행하는 곳으로 바뀐다. '무엇이 옳은가' 대신 '누가 힘이 있는가'가 먼저 계산되고, 판단은 기술이 아니라 생존 본능으로 떨어진다.

바로 규범 장부가 멈춘 관계에 청구되는 막대한 비용, 즉 제멋대로인 기준의 실체다. 기분에 따라 오락가락하는 잣대는 구성원의 에너지를 방전시키는 주범이다.

심리학에서는 이를 협상 피로(본게임 전에 에너지가 방전되는 현상)라 부른다. 모든 사안이 매번 협상의 대상이 되기에, 정작 본 업무에 투입될 에너지가 이미 소진되는 현상이다.

규범 장부는 소모적인 비용을 0으로 줄이기 위한 설계다. 모호한 기분의 판정을 명확한 절차의 판정으로 바꾸는 기술이기도 하다.

입력, 전송, 집행, 조정. 이 네 가지 장치가 맞물릴 때, 조직은 비로소 인격이 아닌 시스템으로 움직인다.

1 입력
'열심히'라는 모호함이 숫자로 바뀔 때

규범의 첫 번째 장치는 합의다. 이것은 서로 눈을 맞추고 고개를 끄덕이는 행위가 아니다. 머릿속의 암묵적인 기대를 명시적인 문장으로 변환하여 시스템에 입력하는 코딩 과정이다.

많은 조직이 "열심히 하자", "책임감 있게 하자" 같은 모호한 구호로 일한다. 하지만 열심히와 책임감의 기준은 사람마다 다르다. 이 오차가 갈등의 씨앗이 된다. 입력 장치는 이 모호한 형용사를 검중 가능한 값으로 바꾸는 역할을 수행한다.

- **나쁜 입력**(제멋대로): "회의록은 가능한 한 빨리 공유한다." '가능한 한'이라는 해석의 여지를 남긴다. 판단의 기준이 작성자의 상황이나 상급자의 기분에 달려있다. 이것은 규범이 아니다.
- **좋은 입력**(구조적): "회의록은 회의 종료 후 24시간 이내에 팀 공유 폴더에 업로드한다." 24시간, 업로드라는 객관적 기준이 입력되었다. 이제 판단의 주체는 사람이 아니라 시간이 된다. 누가 봐도 지켰는지 어겼는지가 명확한 상태, 이것이 입력의 완료다.

반대로 상사가 "알아서 잘해와" 같은 모호한 지시를 내릴 때, 실무자는 질문을 통해 조건을 역으로 입력한다. 모호함은 나중에 딴 소리를 낳는다.

이때 되묻는 것은 저항이 아니라, 상사의 시간을 아껴주기 위한 효율성 튜닝이다.

"제가 다른 결과물로 팀장님 시간을 뺏지 않으려면 구체적인 기준이 필요합니다. 요약본을 말씀하시는 건지, 전체 데이터를 원하시는 건지 확인 부탁드립니다."

이 질문을 통해 '알아서'라는 막연한 기대는 '요약본 vs 전체 데이터'라는 명확한 선택지로 바뀐다. 입력값을 통해 시스템을 통제 가능한 상태로 만든다.

2 전송
감정을 섞지 않고 사실만 건네는 법

두 번째 장치는 합의된 규칙을 상대에게 전달하는 공지다. 이 장치의 핵심 설계 의도는 상대의 자존을 건드리지 않고, 순수한 정보값만을 전송하는 것이다.

규칙을 말할 때 흔히 저지르는 실수는 감정을 섞는 것이다.

"왜 안 지키세요?", "약속했잖아요" 같은 말은 정보가 아니라 비난이다. 전송 장치는 감정의 노이즈를 필터링하고 규칙의 팩트만 출력하는 것이 원칙이다.

이를 완벽하게 구현한 사례가 항공기의 체크리스트다.

장면 비행기 조종석의 체크리스트

비행기 이착륙 시 부기장이 기장에게 "랜딩 기어 내리셨나요?"라고 묻는 것은 기장의 권위에 도전하거나 기억력을 의심하는 무례가 아니다. 그것은 체크리스트 7번 항목 확인이라는 합의된 절차의 기계적 이행일 뿐이다.

기장 역시 이를 자신의 능력에 대한 불신으로 받아들이지 않는다. 만약 이 장치가 없다면, 부기장은 기장의 기분을 살피느라 "저… 혹시…" 하고 망설일 것이고, 그 사이 비행기는 위험에 빠질 수 있다.

규범이 서면, 권위보다 절차가 대화를 앞세우고 갈등 비용을 줄인다. "당신이 틀렸다"가 아니라 "7번 항목이 확인되지 않았다"고 말하는 것이야말로 전송 장치의 핵심 역할이다.

무리한 부탁을 거절할 때도 전송 장치는 유효하다.

"죄송한데 바빠서요"라며 개인의 사정으로 거절하면 관계가 소모된다. 대신 "팀 일정상 긴급 이슈부터 처리해야 합니다"라고 말한다.

거절의 주체가 나에서 규정으로 옮겨가면, 관계 손상은 줄고 정보는 더 정확하게 전달된다.

3 집행
사람과 문제를 분리하는 기술

세 번째 장치는 규칙이 깨졌을 때 작동하는 집행이다. 이것은 처벌이나 징계가 아니다. 합의된 비용을 기계적으로 청구하는 절차다.

중요한 원칙은 분리다. 문제와 인격을 철저히 분리하는 것이다. 제멋대로인 기준이 지배하는 곳에서는 실수가 발생하면 "당신은 부주의한 사람이다"라는 인격 모독으로 이어진다. 하지만 규범 장부에서는 "절차 3번이 누락되었다"는 사실 확인으로 끝난다.

- **나쁜 집행**(인격 공격): "왜 이렇게 무책임합니까? 정신 안 차려요?" 자존 장부를 공격하여 관계를 붕괴시킨다. 상대는 방어기제를 작동시키고 변명을 시작한다.
- **좋은 집행**(비용 확정): "마감이 3시간 지연되었습니다. 사전에 합의한 규정대로 지연 사유서를 작성하고, 다음 단계 담당자에게 양해를 구해주십시오." 인격을 비난하지 않기에, 상대가 느낄 감정적 앙금을 최소화하고 업무로 복귀할 여지를 남긴다.

실수했을 때 "죄송합니다"라는 말만 반복하는 것은 감정적 호소일 뿐 변제가 아니다. 사과 역시 규격이 필요하다. 무엇을 잘못했는지, 어떤 피해가 발생했는지, 어떻게 복구할 것인지를 포함해야 비로소 사과로 인정된다. 이 기준이 있으면, 실수는 자아의 손상이 아니라 시스템의 학습 재료가 된다.

4 조정
상황이 변하면 룰도 갱신된다

마지막으로, 규범 장부에도 유효기간이 있다. 상황이 변했는데 과거의 규칙을 고집하는 것은 또 다른 제멋대로인 기준이다.

"이 규칙을 지키는 비용이 얻는 이익보다 커졌는가?"

분기별로 수명이 다한 규범을 찾아내어 폐기하거나 수정하는 조정 과정을 거친다. 매일 쓰던 일일 업무보고가 형식적인 복사 붙여넣기가 되었다면, 이를 주간 보고로 통합하거나 자동화 툴로 대체하는 식이다.

규범은 성역이 아니다. 관계와 성과를 돕기 위한 도구일 뿐이다. 이 도구를 닦고 조이고 기름칠하는 과정 자체가 조직의 신뢰를 강화한다.

5 신뢰의 정의
착함이 아니라 예측 가능성이다

이 네 가지 장치가 맞물려 돌아갈 때, 비로소 예측 가능성이라는 자산이 생성된다. 신뢰는 감정이 아니다. 저 사람이 나를 좋아할 것이라는 기대는 호감에 불과하다.

진정한 신뢰는 상대가 나를 싫어하더라도 합의한 규칙만큼은 지킬 것이라는 차가운 확신에서 나온다. 예측 가능성은 관계에 끼어드는 수많은 오해와 잡음을 사전에 소거한다. 상대를 끊임없이 해석해야 하는 피로감이 사라질 때, 관계는 비로소 선명해진다.

규범 장부는 모호한 사람의 마음을 '0'과 '1'처럼 명쾌한 신호로 바꾸는 도구다.

'상황이 여의치 않다', '너무 많다'는 식의 뭉뚱그린 말 앞에서는 대화가 길을 잃는다. 상대의 기분에 내 기준을 맞추려 들면 남는 건 끝없는 피로감뿐이다. 형태 없는 감정의 언어를 차가운 숫자의 세계로 끌고 와야 비로소 진짜 일이 시작된다.

실전 문장 설계도 ▶ **정의** | **기준의 구체화**

❶ 상황 Signal

상대가 "너무 많다", "상황이 어렵다" 등 모호한 말로 말할 때

❷ 판단 기준 Check

- 상대의 느낌을 내가 해결해 줄 수 있는가? (아니요)
- 측정 가능한 숫자로 환산이 가능한가? (예) → 전략: 싸움의 대상을 사람의 감정에서 객관적 수치로 이동시킨다.

❸ 출력 문장 Output

"많다, 어렵다는 말은 서로 기준이 다를 수 있어서요. 하루에 정확히 몇 건인지, 숫자로 알려주시면 좋겠습니다. 그래야 오해 없이 맞출 수 있습니다."

자랑, 겸손, 그리고 베풂은 흔히 사람의 태도나 성품의 영역으로 분류된다. 하지만 구조적 관점에서 이는 철저한 회계 기술의 문제다.

흔히 존중을 덕목이라고 부른다. 하지만 관점을 바꾸면 존중은 비용이다. 미리 말하지만, 여기서 말하는 비용은 손해나 낭비가 아니다. 그것은 원하는 것을 얻기 위해 지불해야 할 정당한 대가이자, 시스템이 멈추지 않게 하기 위한 필수 유지비다.

존중을 덕목으로만 여기면, "나는 인격이 훌륭하지 않아서 존중을 못 하겠어"라는 평계가 생긴다.

존중을 비용으로 정의하면, "관계를 유지하려면 이만큼의 예산을 써야 한다"는 명확한 의무가 생긴다. 그 원리는 다음과 같이 세 가지로 정의된다.

- **자랑**: 자신감이 아니라 대출이다. 내면의 잔고가 바닥나서, 타인의 관심을 빌려 급하게 메우는 행위다.
- **겸손**: 참는 게 아니라 부자의 여유다. 이미 곳간이 가득 차 있어서, 굳이 밖에서 증명할 필요를 못 느끼는 상태다.
- **존중**: 희생이 아니라 필수 유지비다. 관계라는 기계가 고장 나지 않게 하기 위해 미리 지불하는 기름칠 비용이다.

자랑이 어떻게 불안한 내면의 결핍(부채)에서 비롯되는지, 반대로 겸손과 존중은 어떻게 안정된 질서의 잉여(자산)에서 나오는지, 그 상반된 작동 원리를 살펴본다.

1 자랑의 대가
인정받으려 할수록 신용을 잃는 이유

사람은 왜 자랑하는가?

자랑은 단정이나 평가처럼, 불안을 다스리려는 본능이 선택한 조급하고도 비효율적인 수단이다. 자랑은 자존의 경제학과 정반대 지점에 있다.

자존이 타인의 인정 없이 스스로 증명하는 구조적 흑자라면, 자랑은 실행 없는 말로 타인의 관심을 빌려와 내면의 적자를 메우려는 긴급 대출이다.

문제는 담보가 없다는 점이다. "나는 이만큼 대단하다"는 증언(선언)은 넘쳐나지만, 이를 뒷받침할 객관적 기록은 부재하다.

이 불일치가 만드는 생각과 현실의 불일치(현실과 부풀려진 환상 사이의 괴리)를 견디기 위해, 자랑하는 자는 타인을 동등한 인격이 아닌 인정을 출력해야 하는 도구로 격하시킨다.

이 긴급 대출의 이자는 타인이 대신 갚는다. 듣는 이에게 감정 노동이라는 빚을 떠넘기고, 타인의 자존 장부에서 에너지를 강제로 인출하기 때문이다.

상환 능력 없이 남의 돈으로 버티는 이 구조는 결국 신용에 균열을 일으키고, 관계의 지속 가능성은 위태로워진다.

 화려한 조명이 쏟아지는 프로젝트 성과 발표회장

팀장이 상기된 얼굴로 마이크를 잡는다.

"모두가 안 된다고 했지만, 제 직관을 믿고 밀어붙였습니다. 제가 밤을 새워서라도 끝내겠다고 했죠."

쏟아지는 박수갈채 뒤편, 어둠 속에 앉아 있는 팀원들의 표정은 싸늘하게 식어간다. 실제로 밤을 새워 데이터를 돌리고 오류를 잡았던 건 그들이었다.

하지만 그들은 반박하지 않는다. 그저 조용히 눈을 감고 마음 속에 있던 충성심이라는 장부를 찢어버린다.

팀장은 10분의 우월감을 사기 위해 팀의 신뢰를 지불했다는 사실을 미처 깨닫지 못한다.

2 진짜 겸손
고개 숙임이 아닌 내면의 밀도

그렇다면 겸손한 사람에게서 느껴지는 덕이란 도대체 무엇인가?

태생적으로 착하거나 욕심이 없어서 생기는 기운은 아니다. 공평함이 천성이 아니라 질서의 결과였듯, 덕도 성품보다 구조에 더 가깝다.

겸손은 안정된 자존 장부에서 흘러나오는 잉여 자산이다. 내면의 장부가 스스로 부여한 가치로 넉넉한 흑자를 유지하고 있기에, 타인에게 인정을 구걸하거나 자랑이라는 긴급 대출을 받을 필요가 없다.

이 안정감이 밖으로 번질 때, 사람들은 그것을 덕으로 읽는다.

- 그는 자랑 대신 모름의 규율을 실천하여 타인을 편안하게 한다.
- 그는 단정, 평가, 가르침을 멈추고 타인이 스스로 해석할 자격을 선물한다.
- 그는 타인의 자존 장부에서 에너지를 인출하지 않고, 오히려 흑자를 만들어준다.

결국 겸손은 자기를 비하하며 낮추는 태도가 아니다. 자아와 판단을 분리하고, 나의 자존을 타인의 칭찬이 아닌 나의 실행에만 고정하는 고등한 질서다.

이 질서를 갖춘 사람만이 남의 것을 뺏지 않고 베풀 수 있다. 덕은 바로 이 질서에서 나온다.

3 존중의 비용
고장을 막기 위해 지불하는 필수 유지비

존중은 덕목이 아니라 비용이다. 비싼 기계를 샀을 때, 그 기계가 고장 나지 않도록 주기적으로 기름을 치고 부품을 간다. 이것은 손해가 아니라 필수 유지비다. 이 비용을 아끼면 기계는 멈춘다.

인간관계라는 시스템도 마찬가지다. 타인을 존중하는 것, 자랑하고 싶은 입을 닫는 것, 상대를 평가하지 않는 것은 분명 인내심과 에너지를 소모하는 비용이다. 천성을 거스르는 고단한 투쟁이다.

이 비용을 지불함으로써 관계의 지속 가능성을 얻고, 위기의 순간에 나를 보호해 줄 타인의 증언을 얻으며, 무엇보다 편향에 휩쓸리지 않고 나를 지키는 견고한 자존을 얻는다.

그러므로 존중은 아까워해야 할 지출이 아니라, 관계의 단절을 막기 위해 가장 먼저 예산에 반영해야 할 필수 투자금이다.

4 교환의 기술
자본 없이 마음을 얻는 비가격 전략(HV×LC)

존중을 비용으로 정의했다면, 남은 과제는 '이 예산을 어떻게 집행할 것인가'하는 효율의 문제다. 지속 가능한 관계의 회계학은 맹목적인 희생이 아니라, 정교한 교환 비율에 기반한다.

이를 상대 고가치High Value × 나의 저비용Low Cost 전략이라 부른다.

이는 나에게는 이미 확립된 질서의 부산물이기에 비용이 거의 들지 않지만(LC), 질서가 없는 상대에게는 비싼 값을 치러야 얻을 수 있는 결정적인 가치(HV)를 건네는 기술이다.

돈(이익 장부)을 쓰지 않고, 순수하게 규범과 자존의 자산만으로 상대의 장부를 흑자로 만드는 교환은 구체적으로 세 가지 형태로 실행된다.

A. 예측 가능성의 제공(규범 자산)

—

상대가 관계에서 느끼는 큰 비용은 제멋대로인 기준에 대한 공포다. 언제 말이 바뀔지 모른다는 불안은 상대를 수동적으로 만든다.

이때 상대에게 건네는 자산은 재검토 시점의 명시와 투명성이다. 업무 루틴을 지키며 일정을 미리 공유하는 일은 나에게 추가 비용이 0인 행위다. 그저 나의 질서를 보여주는 것뿐이기 때문이다.

상대는 여기서 "합의된 궤도 위에 있다"는 강력한 심리적 안전감을 얻는다. 이 안전감은 의심과 감시 비용을 제거해 준다.

B. 판단의 유보와 자율성(자존 자산 1)

—

회의 시간에 "내 생각에는" 이라며 개입하고 싶은 충동이 일 때, 그 말을 삼키고 침묵한다. 이 침묵에 드는 비용은 본능을 거스르는 약간의 인내심뿐이다.

하지만 스스로 물러선 그 빈자리는, 상대가 평가의 공포 없이 자신을 펼칠 수 있는 자율성이라는 고가치의 공간으로 바뀐다.

나의 절제가 곧 상대의 존엄이 되는 과정이다.

C. 공로의 호명(자존 자산 2)

—

모두가 성과를 주목할 때, 나를 도운 동료의 이름을 구체적으로 언급한다.

"이 데이터의 맹점은 김 대리님이 발견했습니다."

이 한 문장은 몇 초의 시간밖에 들지 않는다. 나의 성과가 줄어들지도 않는다. 하지만 이름이 불린 당사자에게는 조직 내에서의 존재감을 증명받는 공적 인정이라는 대체 불가능한 가치가 된다.

사적인 호의는 갚아야 할 부채가 되지만, 공적인 인정은 자존 장부의 순수한 흑자가 된다.

5 사례 연구
결렬 직전의 협상을 살려낸 장부의 균형

이 회계 기술이 실제 위기 상황에서 어떻게 작동하는지 검증하기 위해, 가상의 제조사 S테크와 핵심 부품 공급사 M파트너스 사이의 협상 시뮬레이션을 따라가 본다.

상황은 S테크가 M파트너스로부터 "부품 단가를 2배 인상하지 않으면 공급을 중단하겠다"는 일방적인 통보를 받으며 시작된다.

표면적으로 이것은 이익 장부의 파산 위기였다.

내부에서는 "배신자", "탐욕스럽다"는 비난이 쏟아졌다. 하지만 감정을 배제하고 보이지 않는 장부를 열어보았을 때, 그곳에는 돈이 아닌 심각한 적자가 기록되어 있었다.

- **규범 장부의 적자**: S테크의 불규칙한 발주로 인해 M파트너스는 생산의 예측 가능성을 상실했다.
- **자존 장부의 적자**: 공동 개발한 기술임에도 모든 언론 보도에서 M파트너스의 이름은 삭제되었다.

즉, 2배 인상 요구는 단순한 탐욕이 아니었다. 무시당한 존엄과 파괴된 예측 가능성에 대한 보상 심리가 돈이라는 형태로 바뀌어 청구된 것이다.

따라서 S테크의 협상 책임자는 현금이 아닌 비가격 자산(돈 대신 지불하는 명분과 존중)으로 대응하는 전략을 수립한다.

첫째, 예측 가능성(규범)의 상환이다. 책임자는 자사의 ERP(발주·생산 계획 시스템) 접속 권한을 M파트너스에게 전면 개방했다.

"우리를 믿어달라"는 말 대신 "직접 보고 확인하라"는 투명성을 제공한 것이다. S테크 측에게는 비용이 들지 않는 정보 공유였지만, M파트너스에게는 생산 계획을 안정적으로 세울 수 있는 핵심 자산이었다.

둘째, 공적 인정(자존)의 상환이다. 향후 모든 기술 보도 자료에 M파트너스를 공동 개발사로 명시하겠다고 확약했다.

잉크값 외에는 비용이 들지 않았으나, M파트너스 엔지니어들의 훼손된 자부심을 세워준 결정적 조치였다.

이 두 가지 자산(공적 인정과 존중)이 입금되자, 협상의 공기는 달라졌다. M파트너스는 공동 개발사라는 명분과 레퍼런스(실리)를 챙기자, 무리했던 2배 인상 요구를 스스로 철회했다. 대신 물가 상승률 수준인 5% 인상안에 합의했다. 보이지 않는 장부의 흑자가 보이는 돈의 문제를 해결한 것이다.

결국 마음을 얻는 것은 막연한 윤리가 아니다. 나의 질서를 타인에게 나누어 줌으로써, 서로의 결핍을 채우는 정교한 구조적 교환이다.

리더가 이 비용을 기꺼이 지불할 때, 관계는 유지되고 조직의 지속 가능성은 견고해진다.

> 좋은 게 좋은 거라며 정당한 대가 없는 희생을 요구받을 때, 무조건 웃으며 넘길 필요는 없다. 내 시간과 노동은 공짜가 아니다. 열정이나 헌신이라는 애매한 포장을 걷어내고, 내가 제공하는 가치만큼의 정확한 계산서를 내미는 것만이 일하는 사람의 선을 지키는 방법이다.

❶ 상황 Signal

열정 페이나 무리한 희생을 좋은 게 좋은 거라며 강요받을 때

❷ 판단 기준 Check

- 이 희생이 나중에 정당한 보상으로 돌아오는가? (아니요)
- 내가 제공하는 열정과 호의는 공짜인가? (아니요)
  → 전략: 착한 사람이 되기를 포기하고, 프로페셔널한 거래자의 포지션을 취한다.

❸ 출력 문장 Output

"열정만 가지고 하기엔, 책임감이 너무 무겁습니다. 퀄리티는 제가 책임질 테니, 그에 맞는 처우를 보장해 주십시오."

관계가 무너지는 순간은 대개 거창하지 않다. 사소한 오해 하나가 스파크처럼 튀고, 그 오해를 빨리 풀겠다는 조급함이 말을 늘리며, 늘어난 말의 부피만큼 불필요한 리스크가 증식할 뿐이다.

시스템이 과열된 상태에서 "우리 잘해보자"는 감정적 다짐은 소화기가 아니라 산소가 된다. 불길이 커질수록 수습은 기술의 영역을 벗어나 운의 영역으로 넘어가고, 운에 기댄 대가는 결국 가장 비싼 비용으로 청구된다.

자존을 단단히 세운 뒤, 고민은 관계의 지속성으로 이동한다. 관계 경영의 목표는 막연한 호감이 아니다. 핵심은 시스템이 멈추지 않도록 관리하는 가동성(언제 접속해도 작동하는 상태)의 확보다.

상대가 나를 좋아하게 만드는 것이 고차원의 기술이라면, 나를 위험한 존재로 느끼지 않게 만드는 것은 시스템의 생존 조건이다. 이 생존 조건을 확보하기 위해, 관계의 우선순위를 3단계로 재설정한다.

좋은 사람이 되기 위한 도덕적 관념이 아니라, 어떤 압력 속에서도 안전감의 최저값(이 사람과 일하면 적어도 사고는 안 난다는 마지노선)이 무너지지 않도록 설계된 안전 모드[10] 작동 수칙이다.

| 관계 경영의 3단계 우선순위 |

- **1순위(제거)**: 싫어하는 행동을 먼저 뺀다. (마이너스 요인을 제거하여 시스템의 안전감 확보)
- **2순위(멈춤)**: 잘 모르면 일단 멈춘다. (데이터 부족 시 입력 중단 및 대기)
- **3순위(제안)**: 확실할 때만 움직인다. (검증된 데이터가 있을 때만 가치 제안)

이 3단계는 결코 역순으로 작동하지 않는다.

1순위가 무너지면 3순위의 노력은 모두 매몰 비용이 된다. 관계가 흔들릴 때, 감정을 섞는 대신 이 알고리즘에 따라 리스크는 기계적으로 통제된다.

1 제1원칙
득점보다 중요한 실점의 차단

관계 경영의 제1원칙은 '무엇을 할 것인가'가 아니라 '무엇을 하지 않을 것인가'를 정의하는 것이다.

인간의 인지 시스템은 100가지의 호의보다 1가지의 혐오에 더 민감하게 반응하도록 설계되어 있다. 따라서 신뢰를 쌓는 빠른 길은 플러스 점수를 따는 것이 아니라, 마이너스 요인을 제거하여 0의 상태를 유지하는 것이다. 이것이 바로 네거티브 스크리닝(좋은 것을 더하기보다 나쁜 것을 먼저 솎아내는 뺄셈의 기술) 전략이다.

이를 실행하기 위해 관계를 구성하는 3대 요소(입력값, 주기, 포맷)가 통제되어야 한다. 특히 관계에 경고등이 켜졌을 때, 이 통제는 선택이 아니라 필수다.

A. 입력값의 차단: 정보량의 제한

—

불안한 상황에서는 말이 많아진다. 침묵을 견디지 못해 변명하고 설득하려 들다가, 돌이킬 수 없는 말실수를 남긴다.

제1원칙의 핵심은 입력하는 정보의 양을 의도적으로 제한하는 데 있다. 불필요한 정보는 오해를 키우기 때문이다.

대부분의 사람은 억울함을 설명하면 오해가 풀릴 것이라 믿지만, 신뢰가 떨어진 상태에서 들어가는 정보는 팩트가 아니라 변명으로 걸러진다. 따라서 말할수록 점수는 깎인다.

사례 실수가 발생했을 때

- **오작동**: "제가 왜 그랬냐면요, 사실 그때 김 대리가 자료를 늦게 줘서 상황이 좀 꼬였는데, 제 딴에는 수습하려다 보니..." (구차한 변명이 입력되어 신뢰 잔고를 갉아먹는다.)
- **정상 작동**: "현재 상황을 인지했습니다. 원인을 파악해서 1시간 뒤에 다시 보고하겠습니다." (감정을 없애고 필요한 팩트만 입력한다. 불필요한 정보값을 차단하여 해석의 오류를 줄이는 것, 이것이 마이너스 차단의 첫 단계다.)

이때 실무자가 겪는 가장 큰 내적 갈등은 억울함이다. 변명하지 않으면 손해를 본다는 생각이 든다.

구구절절한 해명은 책임회피로 보이지만, 짧은 인정은 수용 능력으로 해석된다. 군더더기 없는 문장은 태도 논란을 차단한다.

"말씀하신 사항, 정확히 인지했습니다. 바로 수정하겠습니다."

이 한마디는 굴복이 아니다. 감정 싸움으로 번질 불씨를 끄고, 상황을 해결 모드로 전환하는 가장 경제적인 입력값이다.

B. 주기의 조정: 접촉 빈도의 제어

—

마찰열이 발생한 기계는 잠시 꺼두어야 식는다. 관계도 마찬가지다. 갈등 상황에서 빈번한 접촉은 과열을 부른다.

흔히 '빨리 풀고 싶다'는 조급함 때문에 상대를 닦달하지만, 이는 엉킨 매듭을 힘으로 당겨 더 꽉 묶어버리는 것과 같다.

이 냉각 단계에서는 물리적, 심리적 접속을 차단하고, 접촉의 빈도를 철저히 낮춰야 한다.

매일 하던 회의를 격일로 줄이거나, 메신저 대신 이메일로 소통 채널을 변경하여 즉시성을 제거한다.

응답 속도를 늦추는 것은 무시가 아니라, 감정이 식을 시간을 벌어주는 시스템 보호 장치다. 빠른 응답보다 중요한 것은 정확한 응답이다.

C. 포맷의 강화: 기록의 밀도 높이기

—

평소에는 구두 약속으로도 충분했던 일들이, 위기 시에는 분쟁의 씨앗이 된다. 서로의 기억이 자기를 보호하는 방향으로 왜곡되기 때문이다.

리스크 관리 단계에서는 모든 소통의 포맷을 기록 형태로 높여야 한다.

사례 업무 지시 확인

- **오작동**: "아까 말씀드린 대로 해주세요." (추후 "그런 말 들은 적 없다"는 분쟁이 발생한다.)
- **정상 작동**: "오후 회의에서 논의된 3가지 결정 사항을 메일로 정리했습니다. 내용이 맞는지 확인 부탁드립니다." (이것은 상대를 불신해서가 아니라, 기억의 왜곡을 방지하여 규범 장부의 파산을 막기 위한 안전장치다.)

2 제2원칙
모를 때는 멈추는 것이 최선의 도움이다

제1원칙이 이미 발생한 마이너스를 차단하는 것이라면, 제2원칙은 안개 속에서 길을 잃지 않는 기술이다.

사람들은 흔히 상대를 돕겠다는 선의로 잘 모르는 일에 섣불리 개입한다.

하지만 데이터가 없는 상태에서의 움직임은 시스템에 무작위 값을 던져 넣는 도박과 같다. 이는 시스템의 예측 가능성을 떨어뜨린다.

이때 필요한 기술이 설계된 부작위[11](의도적으로 아무것도 하지 않는 전략적 멈춤)다. 단순한 방관이 아니라, 명확한 데이터가 보일 때까지 대기하여 엉뚱한 곳으로 튀는 것을 막는 적극적인 보류다.

A. 통제 욕구의 억제와 대기 모드

—

상황을 정확히 모르는 상태에서 굳이 개입하려는 이유는 상대를 위해서가 아니다. 불확실한 상황을 통제하고 싶다는 본인의 불안 때문이다.

야근하는 동료에게 건네는 검증되지 않은 조언은 호의가 아니라 노이즈다. 상대는 그 조언을 처리하느라 불필요한 리소스를 낭비하게 된다. 모를 때는 멈춰야 한다. 도와주고 싶다는 개입 욕구를 통제하고, 상대가 요청할 때까지 대기하는 것이야말로 불확실한 상황에서 리스크를 0으로 만드는 가장 확실한 방법이다.

침묵은 무관심이 아니라, 오작동을 막는 전략이며 저렴한 솔루션이다.

B. 부작위의 선언

—

그냥 가만히 있으면 무관심하거나 무능한 사람으로 오해받을 수 있다. 따라서 부작위는 오해를 줄이기 위한 선언이 필요하다.

이것은 침묵이 회피가 아닌 의도된 전략임을 알리는 신호다.

사례 해결책이 안 보일 때

- **오작동**: "제가 한번 알아볼게요. 어떻게든 되겠죠." (지키지 못할 약속과 희망 고문을 반복하다 결국 신뢰를 잃는다.)
- **정상 작동**: "아직 확인이 안 돼서 지금 말하면 오해만 생길 것 같습니다. 확인부터 하고 다시 말씀드리겠습니다." (이 선언은 침묵이 회피가 아니라, 신중한 판단을 위한 대기 상태임을 명확히 한다.)

3 제3원칙
안전이 확인된 후에 건네는 호의

제3순위인 가치 제안(호감을 사는 행위)은 오직 제1, 2원칙이 완벽하게 지켜진 토대 위에서만 작동한다. 시스템이 불안정하고(제1원칙 위반), 데이터가 검증되지 않았는데(제2원칙 위반) 무언가를 제안하는 것은 도박이다. 많은 사람이 관계가 어색해지면 밥을 사거나 선물을 주며(3순위) 무마하려 한다.

하지만 시스템이 불안정한 상태에서 건네는 선물은 호의가 아니라 부담이나 뇌물로 읽힌다. 순서가 틀렸기 때문이다.

관계가 마이너스인 상태에서는 같은 크기의 플러스를 더해도 0이 되지 않는다. 먼저 마이너스 요인을 제거해 안전감을 회복하는 것이 순서다.

관계 경영의 핵심은 화려한 기술로 상대를 매혹하는 데 있지 않다. 돌이킬 수 없는 실수를 제거하고, 불확실할 때는 멈춰 서서 시스템의 신뢰도를 증명하는 데 있다.

이 지루하고 건조한 원칙을 지키는 사람만이 관계라는 복잡한 함수 속에서 끝까지 살아남는다.

관계를 막연한 감각이나 눈치가 아닌 명확한 도구로 다뤄야 하는 공학적 이유는 분명하다. 이 원칙들이야말로 관계가 붕괴하지 않도록 지탱하는 안전감의 최저값[12]을 형성하기 때문이다.

> 일에 대한 지적을 자신에 대한 공격으로 받아들이는 상대방 앞에서는 대화가 막힌다. 여기서 오해를 풀겠다며 기분을 달래주기 시작하면 원래 해야 할 일은 뒷전이 된다. 감정 싸움에 말려드는 대신, 사람과 업무를 철저히 분리해 논의를 사실의 영역으로 되돌려 놓는 선 긋기가 필요하다.

❶ 상황 Signal

동료가 업무적 피드백을 인격 모독으로 받아들이며 감정적으로 반응할 때

❷ 판단 기준 Check

• 내가 상대를 인간적으로 비난했는가? (아니요)

• 지금 필요한 것은 관계 개선인가, 업무 완수인가? (업무) → 전략: 배역(일)과 본체(사람)를 강제로 분리한다.

❸ 출력 문장 Output

"개인적인 감정으로 말씀드리는 거 아니지 않습니까. 그냥 결과물 퀄리티를 맞추자는 거니까, 다른 거 말고 일만 떼어놓고 보시죠."

구조로서의 협상은 이익, 규범, 자존이라는 세 가지 차원을 함께 관리하는 회계 시스템이다. 관계의 단절은 대개 이 세 개 장부의 불균형에서 시작된다.

본격적인 수리에 앞서 먼저 확인해야 할 것은 장부의 상태다. 협상은 다음 세 가지 장부의 값이 모두 양수(+)를 가리킬 때 가장 안전하게 종결된다.

- **이익 장부**: 결과의 타당성(수익은 충분한가?)
- **규범 장부**: 절차의 정당성(과정은 공정한가?)
- **자존 장부**: 관계의 존엄성(사람은 존중받았는가?)

이 진단이 선행되어야만, 비로소 5가지의 수리 도구가 정확한 위치에 투입될 수 있다. 세 개의 장부가 관계의 상태를 파악하는 진단 키트라면, 예·의·신·무·세는 확인된 적자를 흑자로 돌리는 구체적인 수리 키트다.

이 다섯 가지는 덕목의 이름이 아니다. 위기의 순간마다 꺼내 쓸 수 있는 운영 매뉴얼이다.

- **예禮**: 정보가 흐를 수 있게 하는 입력 통로(퇴로)
- **의義**: 욕망이 선을 넘지 않게 막는 브레이크(원칙)
- **신信**: 오차를 줄여 예측하게 만드는 타이머(간격)
- **무위無爲**: 강요 없이 선택하게 만드는 설계(선택지)
- **세勢**: 흐름을 내 쪽으로 기울이는 배치(기울기)

이 도구들의 목적은 단 하나다. 낡은 훈계의 형식을 빌려 썼으나, 그 본질은 관계의 붕괴를 막기 위해 검증된 구조 역학이다.

1 예禮
상처 주지 않고 문을 여는 태도

예는 공손한 태도가 아니다. 상대에게 물러설 길을 먼저 열어주는 최소한의 여지다. 협상에서 가장 위험한 것은 정보의 단절이다.

평가와 가르침이 상대의 자존을 파괴하면, 상대는 방어 기제를 작동시키고 입을 닫는다. 이때 예는 상대의 자존을 보호해 사실이 흘러 들어오게 하는 입력 통로로 기능한다.

"당신이 틀렸다"고 공격하는 대신 "수습할 방법이 무엇인가"를 물을 때, 상대는 방어를 멈추고 데이터를 내놓는다. 퇴로가 확보되어야 비로소 진실이 도착한다.

장면 정보의 병목 현상과 퇴로의 제공

프로젝트 마감이 임박했지만, 핵심 부품을 공급하는 협력사의 공장이 멈춰 섰다는 정보가 들어온다.

담당 임원은 사실 확인을 위해 협력사 대표와 자리를 마련한다. 회의실 공기는 무거웠고, 협력사 대표는 문책과 손해배상에 대한 두려움으로 입을 굳게 다물고 있었다. 추궁이 시작되면 정보는 왜곡되고, 진실은 은폐될 것이 뻔했다.

이때 임원은 "도대체 상황이 어떻게 된 겁니까?"라고 다그치는 대신, 조용히 화이트보드로 걸어가 프로젝트 전체 공정표를 그린다.

그리고 현재 문제가 발생한 부품 공급 구간에 빨간색 동그라미를 치고는, 그 옆에 우회 가능한 예비 공정 두 개를 추가로 그려 넣었다.

"대표님, 지금 우리가 마주한 건 누구의 잘못을 따지는 문제가 아닙니다. 이 빨간 불을 어떻게 우회할지, 앞으로의 대안을 결정해야 하는 상황입니다. 저기 그려둔 대안 B와 C 중, 현재 상황에서 가장 현실적인 것은 무엇입니까?"

그 건조한 한마디에 협력사 대표의 굳어있던 어깨가 풀어졌다. 그는 준비해 온 구차한 변명들을 주머니에 다시 넣었다. 대신 품안에서 가장 아픈 진실, 즉 공장 라인의 실제 파손 현황과 복구 예상 시점이 적힌 진짜 데이터를 책상 위에 꺼내 놓았다.

그가 정직해질 수 있었던 건 임원의 친절 때문이 아니다. 자신의 존엄을 훼손하지 않고 안전하게 문제를 해결할, 구조적 퇴로를 확인했기 때문이다.

결국 예의 핵심 기술은 주어의 전환이다.

'누가 잘못했는가'에서 '무엇이 가능한가'로 질문을 바꾸는 전환이 자존 장부를 지키고 정보를 얻는 기술이 된다.

2 의^義
욕망을 제어하는 구조적 브레이크

의는 정의로운 감정이 아니다. 욕망이 속도를 이기지 못해 탈선하는 것을 막는 구조적 브레이크다. 이익을 가로막는 장애물이 아니라, 이익을 지속 가능하게 만드는 안전장치다.

무엇을 얻을지에 앞서 '무엇은 절대 하지 않을지'를 선명하게 그어두어야 한다. 이 최저선이 확보될 때, 거절은 비난이 아니라 규정의 이행이 된다.

"이 사람은 이 선은 넘지 않는다"는 안전감이 확보되어야, 규범 장부는 무너지지 않는다.

장면 ▶ 무리한 요구와 구조적 방어선

대규모 SI(시스템 통합) 프로젝트 입찰 설명회. 발주처의 핵심 임원이 식사 자리에서 은밀하게 제안한다.

"이번 프로젝트, 경쟁이 치열한 거 아시죠? 우리 쪽 핵심 요구 사항 몇 개만 선제적으로 수용해 주시면, 내부 심사에서 유리하게 검토해 드리겠습니다. 예를 들어, 유지보수 기간을 무상으로 3년 연장한다거나…"

명백한 불공정 행위이자, 수주하더라도 막대한 손실이 예상되는 요구였다. 하지만 당장 거절하면 관계가 틀어질까 두려운 상황이다. 이때 프로젝트 책임자PM는 당황하거나 윤리적인 설교를 늘어놓는 대신, 차분하게 태블릿 PC를 꺼내 표준 계약 가이드라인을 띄운다.

"이사님, 말씀하신 제안의 취지는 충분히 이해합니다. 다만, 저희 회사의 관리 규정 제4조에 따르면, 표준 계약 범위를 초과하는 무상 서비스 제공은 이사회 승인 사항으로 명시되어 있습니다. 혹시 이 건을 이사회 공식 안건으로 상정하여 검토를 진행해도 괜찮은 건지 조심스럽습니다."

순간, 임원의 표정이 굳어진다. 개인적인 청탁이 회사의 공식적인 리스크 관리 시스템과 충돌하는 순간이 된다. 그는 헛기침을 하며 황급히 말을 돌린다.

"아, 뭐… 그렇게까지 복잡하게 갈 건 없고. 규정이 그렇다면 어쩔 수 없지."

PM이 지킨 것은 양심이 아니라 시스템이다. 개인의 거절은 감정을 상하게 하지만, 규정의 거절은 관계의 불필요한 충돌을 막는다.

3 신信
믿음은 마음이 아닌 지루한 반복의 결과

신은 마음의 상태가 아니라, 약속한 간격을 기계적으로 지켜낸 기록의 축적이다. '믿어 달라'는 호소 대신 점검과 통지의 주기를 일정하게 유지할 때, 상대는 불안을 끄고 예측 가능성을 켠다.

기억은 오염되지만, 기록된 간격은 변하지 않는 기준이 된다.

장면 시스템 장애와 기계적인 소통

주말 저녁, 핵심 서비스의 서버가 다운되는 대형 사고가 터진다. 고객센터에는 항의 전화가 폭주했고, 경영진은 10분 간격으로 상황 보고를 독촉하며 개발팀을 압박한다.

현장은 아수라장이다. 그때, 최고기술책임자CTO는 화려한 해결책을 약속하거나 "죄송합니다, 최선을 다하겠습니다"라는 감정적 사과를 반복하지 않는다.

대신, 재난 문자 발송 시스템을 가동하여 전 고객과 경영진에게 다음과 같은 메시지를 보낸다.

긴급 공지 서비스 장애 안내

- **현재 상황**: DB(데이터베이스) 서버 접속 불안정 확인
- **조치 예정**: 1차 복구 시도 중(예상 소요 시간 30분)
- **다음 안내**: 30분 뒤(20:30) 복구 성공 여부 및 추가 계획 재공
  지 예정

그리고 정확히 30분 뒤, 약속한 알림이 다시 도착한다.

2차 공지 복구 지연 안내

- **현재 상황**: 1차 복구 실패. 하드웨어 결함 의심되어 교체 작
  업 착수
- **예상 완료**: 2시간 소요(22:30 예정)
- **다음 안내**: 1시간 간격으로 진행 상황 공유 예정

사고는 결국 4시간 만에 수습되었다. 하지만 고객과 경영진
은 그 4시간 동안 막연한 불안에 떨지 않았다.
CTO가 설정한 기계적인 간격의 안내 메시지가, 혼란스러운
상황 속에서 예측 가능한 질서가 되어주었기 때문이다. 신뢰
는 기적 같은 해결책이 아니라, 지루할 정도로 정확하게 지켜
낸 간격에서 나온다.

언제 연락할지 미리 알리는 것, 그것이 신뢰의 전부다.

4 무위無爲와 세勢
설득하지 않고 스스로 움직이게 하는 힘

예, 의, 신이 바닥을 다지는 작업이었다면, 무위와 세는 상대를 움직이는 엔진이다. 힘으로 떠미는 것이 아니라, 상대가 스스로 선택할 수밖에 없도록 설계와 배치를 조작하는 기술이다.

A. 무위無爲: 선택지의 설계

무위는 방임이 아니다. 설득이라는 비용을 제거하고, 상대가 거절할 수 없는 선택지를 설계하는 공학이다. 하나의 정답을 강요하면 싸움이 나지만, 유리한 선택지 세 개를 주면 상대는 고민을 시작한다.

'할까 말까'의 싸움을 '이 중 무엇이 이득인가'의 선택으로 바꾸는 것이다.

단가를 깎으려는 상대와 팽팽히 맞선 상황. 협상가는 무조건 '안 됩니다'라고 버티는 대신, 서로 다른 조건이 적힌 세 장의 카드를 테이블 위에 펼쳤다.

- **A안**: 금액 10% 인하 + 납기 2주 연장(시간으로 비용을 상쇄)
- **B안**: 금액 20% 인하 + 핵심 기능 외 작업 범위 제외(노동을 줄여 비용을 상쇄)
- **C안**: 기존 금액 유지 + 기존 범위 및 납기 고수(품질과 조건을 유지)

상대는 계산기를 두드리다 B안을 집어 들었다. 결과적으로 전체 계약 금액은 줄어들었지만, 그만큼 투입해야 할 노동의 양도 줄어들었다. 협상가의 이익률은 깎이지 않았다. 설득하지도 않았다. 단지 상대가 스스로 대가를 지불하고 명분을 챙겨가도록 설계했을 뿐이다.

B. 세勢: 판의 기울기

—

세는 내가 가진 힘이 아니다. 물이 아래로 흐르듯, 내 제안을 따르는 것이 유일하게 합리적인 길이 되도록 상황의 기울기를 만드는 기술이다.

하수는 힘을 과시하지만, 고수는 퇴로와 이익의 배치를 통해 운동장을 기울인다.

장면 판의 기울기

해외 유명 브랜드의 국내 총판 계약을 위한 막바지 협상. 브랜드 본사는 독점권을 무기로 막대한 물량MOQ(최소 발주 수량)을 떠안으라고 압박했다.

이는 재고 리스크라는 불리한 형세를 파트너에게 전가하는 전형적인 힘의 논리였다. 협상팀장은 수량을 깎아달라고 사정하는 대신, 흐름의 방향을 완전히 바꾸는 역제안을 던졌다.

"독점권을 포기하겠습니다. 대신 병행 수입을 전면 허용해 주십시오. 그리고 초기 물량 부담을 없애는 대신, 판매량에 비례하여 로열티를 지급하는 러닝 개런티 방식으로 전환하는 안을 제안합니다."

본사는 당황했다. 하지만 계산기를 두드려보니, 병행 수입으로 시장 파이가 커지고 초기 재고 부담이 없어진 파트너가 공격적인 마케팅을 하면 본사 수익은 오히려 늘어나는 구조였다. 결국 본사는 제안을 수락했다.

협상팀장은 책임만 무거운 독점을 내려놓고, 실패 확률을 최소화한 실리적인 구조를 선택했다. 이것은 상대를 이긴 것이 아니다.

이익이 흐르는 물길을 내 쪽으로 돌려놓은 형세의 전환이다.

5 관계의 품격
말솜씨가 아닌 구조로 증명되는 것

결국 오래가는 합의는 말솜씨에서 나오지 않는다.

예로 문을 열고, 의로 선을 긋고, 신으로 간격을 증명하며, 무위와 세로 흐름을 만드는 구조가 있어야 한다.

그 구조가 있을 때 합의는 사람의 말재주에 기대지 않고도 작동하며, 사람을 잃지 않으면서도 목적에 도달한다.

2
도구

"신뢰는
100점을 맞는 게 아니라,
0점을 맞지 않는 것이다."

설계: 후회 없는 선택을 위한 6가지 질문

새로운 일을 시작할 때, 대부분 방향만 보고 연료와 리스크는 외면한다. 계기판은 그 외면한 비용을 미리 보여주는 장치다.

관계를 지키는 규칙을 세웠어도, 삶은 결국 냉정한 질문을 던진다.

"무엇을 쥐고, 무엇을 버릴 것인가."

많은 사람이 선택을 영원불변의 서약이나 정답 문제로 착각한다. 정답을 정해둬야 불안이 줄기 때문이다.

하지만 중대한 결정 앞에 영원한 정답은 없다. 선택이란 변하는 상황과 맺는 잠정적 합의일 뿐이다. 문제는 합의에 감정이 섞여 맹신으로 굳어질 때 발생한다.

수정하는 것을 패배로 여기고, '선택했다'는 사실 자체를 근거로 고집을 부린다. 그 고집이 수정할 기회를 막고, 결국 사람을 소진시킨다.

필요한 것은 비법이 아니라, 제때 멈추게 하는 객관적 기준이다. 직감에 의존하기보다, 계기판의 눈금을 확인하듯 선택지 위에 기준을 대조한다. 기준은 여섯 개의 눈금, 세 개의 묶음으로 작동한다.

첫째, 출발이 성립하는가. (목적, 경제성)
방향 없는 속도는 표류이고, 연료 없는 방향은 환상이다. 움직일 명분과 버틸 자원이 있는지를 묻는다.

둘째, 지금 현실과 맞물리는가. (시기, 적합성)
문이 열리지 않았는데 뛰어들거나, 준비되지 않은 몸으로 덤비면 다친다. 내부의 엔진과 세상의 톱니바퀴가 정확히 맞물리는 타이밍인지 확인한다.

셋째, 실패해도 돌아올 수 있는가. (복원성, 증거)
돌아올 길과 브레이크가 없다면 선택이 아니라 도박이다. 사고가 나도 치명상을 피할 안전장치가 확보되었는지를 점검한다.

이 세 묶음은 결정을 밀어붙이는 액셀이 아니라, 위험한 선택지를 걸러내는 필터다. 기준을 하나라도 통과하지 못했다면, 멈추라는 신호다.

가능성을 닫는 게 아니라, 리스크를 점검하며 더 좋은 타이밍을 기다리는 것이다. 서로를 견제하는 이 계기판들이 묻는 질문은 결국 하나로 수렴한다.

"나는 무엇을 감당할 수 있는가."

최고의 선택이 아니라, 감당 가능한 선택만이 오래 남는다.

이 글은 그 질문을 막연한 용기가 아닌, 구조와 계산의 문제로 다루기 위한 설계도다.

경로의 압력(남들 따라 휩쓸려 가는 힘)은 집요하게 사람의 여지를 지워버린다. 이 거대한 중력에 맞서 자신을 지키기 위해서는 구체적인 배치의 기술, 즉 선택의 계기판이 필요하다.

출발을 묻는 질문은 단순하다.

방향이 서 있는가.

연료가 남아 있는가.

출발은 두 조건이 동시에 충족될 때만 성립한다.

1 목적의 정의
고통을 감수할 만한 가치가 있는가

그 첫 번째 계기판은 목적이다. 수많은 현장에서 관찰한 목적은 명분이 아니라, 고통과 대가를 교환하는 기준이었다. 그럴듯한 말이 아니라, 자원을 움직이는 기준이다.

"이 고통을 감수하고서라도 갈 만한 가치가 있는가?"를 묻는 냉정한 계산이다. 기준점 없는 움직임은 자유가 아니라 표류일 뿐이다.

목적은 벽에 걸린 명분이 아니라, 힘이 실제로 흐르는 방향이어야 한다. 명분은 고정되어 있지만, 목적은 한정된 자원인 시간과 돈을 특정한 지점으로 집중시킨다.

흔히 목표와 목적을 혼동하곤 한다. 둘은 명백히 다르다.

- **목표**: "무엇을 얻을 것인가"에 대한 욕망의 크기다. (예: 연봉 1억)
- **목적**: 그 욕망을 위해 "무엇을 버릴 것인가"를 결정하는 기준선이다. (예: 가족과의 시간을 줄여서까지 돈을 벌지는 않겠다.)

이때 목적을 희망과 혼동해서는 안 된다. 희망은 '결국 다 잘될 것'이라는 막연한 감정에 가깝고, 목적은 지금 서 있는 위치와 가야 할 방향을 건조하게 가리키는 기준이다. 착각은 잠시 버티게 하지만, 기준만이 길을 남긴다.

목표는 달성되면 사라지지만, 목적은 달성될수록 더 선명해진다. 그러므로 기록에 남겨야 할 것은 돈을 번다는 목표가 아니라, '어떤 방식으로, 누구와, 얼마나 오래 돈을 벌 것인가'라는 방향이다.

이 문장은 속도를 재촉하는 구호가 아니다. 에너지가 고갈되었을 때, 어디에서 다시 채워야 할지를 잊지 않게 만드는 나침반이다.

방향이 분명하면 지칠 수는 있어도 길을 잃지는 않는다.

2 거절의 기준
감정의 배설인가, 구조적 획득인가

목적을 세울 때 사람은 자주 속는다. 기분을 푸는 것과 원하는 걸 얻는 것을 혼동하기 때문이다. 동료와 부딪치는 것은 당장의 울분을 해소하는 배설이지, 상황을 개선하는 해결이 아니다.

힘든 프로젝트를 그만두는 것이 단지 괴로움을 피하기 위해서라면, 그것은 전략적 철수가 아니라 단순한 회피다. 이때 내 결정이 도망인지 전략인지 구분하는 필터가 바로 거절의 기준이다.

목적은 무엇을 할 것인가보다, 어떤 이유로 하지 않을 것인가를 정할 때 더 선명해진다.

흔들리지 않는 목적을 위해, 다음 3가지 거절의 기준을 점검한다.

- **감정**: "지금 편해지고 싶어서 결정하는가?" 결정이 쉬운 길을 택하는 것이라면 거절한다. 쉬운 선택은 대개 미래의 몫을 당겨 쓰는 대출이다.
- **회피**: "싫어서 떠나는가, 필요해서 가는가?" 단지 이 상황이 싫어서 하지 않는 것이라면 멈춘다. 싫어하는 것을 피하는 건 생존 본능이지, 목적이 될 수 없다.
- **실익**: "자존심을 세우는가, 실리를 챙기는가?" 내 기분을 망쳤다는 이유로 상대를 거절하지 않는다. 기분은 사라지지만, 이익은 남는다.

이 기준이 서면, 거절은 단순한 "No"가 아니라 불필요한 감정 소모를 하지 않겠다는 전략적 선언이 된다.

이 원칙은 수직적인 관계에서 더욱 강력한 무기가 된다.

상사가 방향에 맞지 않는 지시를 내릴 때, 기분에 따라 즉각 반발하거나(싸움), 무조건 복종하는 것(회피)은 둘 다 하책이다.

목적이 내 기분이 아니라 프로젝트의 성공에 있다면, 거절조차도 더 나은 제안의 형태를 띠게 된다.

"지시하신 B안도 가능합니다만, 저희가 처음에 합의한 올해 목표(A)에는 C안이 더 효과적일 것 같습니다. 목표 달성(목적)을 위해 어떤 안으로 갈까요?"

이 질문을 던지는 순간, 대화의 프레임은 상사 vs 부하의 기 싸움에서 목표를 위한 공동의 고민으로 이동한다.

내 기분을 푸는 것이 아니라, 우리가 원하는 것을 얻어내는 것. 그것이 거절의 기준이 만드는 진짜 목적이다.

3 시간의 균형
오늘의 생존과 내일의 방향

목적은 단순히 바라보기 위한 장식품이 아니다.

오늘(생존) · 이번 분기(변화) · 내년(방향).

이 서로 다른 속도의 시간을 맞물리게 하는 3단 기어다. 그래야 목적은 박제된 글자가 아니라, 매일 현실을 밀고 나가는 거대한 엔진이 된다.

- **오늘의 이유**(생존): 당장의 현금 흐름을 지키는 가장 현실적인 목표다. 오늘 살아남지 못하면 내일은 없다.
- **이번 분기의 이유**(유의미한 변화): 단순한 버티기가 아니라 쌓이기가 되어야 한다. 매일의 노력이 모여서 의미 있는 결과물로 이어지고 있는지 확인한다.
- **내년의 이유**(방향성): 결국 어디로 가려는지 묻는다. 확실한 목적지가 있어야, 오늘의 고생이 단순한 희생이 아니라 미래를 위한 투자가 된다.

이 세 겹의 시간은 서로를 잡아당긴다. 그때 목적이 작동한다.

오늘의 이유인 생존은 종종 내년의 이유인 방향과 충돌하기 때문이다. 당장의 현금을 위해 무리한 할인 행사를 하면 내년의 브랜드 가치가 훼손되고, 급한 불을 끄기 위해 절차를 무시하면 내년의 신뢰 자산이 줄어든다. 그래서 중요한 것은 오늘 얼마를 벌었는가가 아니라, 그 거래가 어디로 이어지는가다.

단순히 물건을 팔아 현금을 남기는 데서 그칠 것인지, 시장에서 대체할 수 없는 고유한 브랜드가 될 것인지 먼저 결정해야 한다. 방향이 분명해야만 오늘 번 돈을 쓸 것인지 쌓을 것인지에 대한 기준도 선다.

목적은 풍요의 시기에는 유혹을 걸러내는 거름망이 되고, 결핍의 시기에는 끝까지 지켜야 할 것을 붙드는 버팀목이 된다. 결국 목적은 넘칠 때는 덜어내고, 부족할 때는 지탱하는 힘이다.

4 점검과 교정
박수가 아니라 숫자로 묻는다

목적은 한번 세워두면 영원히 버티는 비석이 아니다. 가만히 두면 무질서가 스며들고, 결국 조금씩 흐려진다. 그래서 목적에는 주기적인 영점 조절이 필요하다.

정말 경계해야 할 것은 실패 자체보다 가짜 성취에 취하는 순간이다. 특히 위험한 때는, 숫자가 멈췄는데 박수 소리만 커질 때다. 박수는 달콤한 위로를 준다. 따뜻하지만 사람을 안주하게 만든다.

숫자는 다르다. 차갑지만 지금 궤도에서 얼마나 벗어났는지를 드러내는 유일한 좌표다. 목적이 흐려진 조직일수록 고통스러운 성찰 대신, 즉각적인 반응인 박수를 쫓게 된다.

징후는 보고서의 언어부터 바꾼다. 왜가 사라진 자리를 '어떻게 보일까'라는 꾸밈이 차지한다. 명확해야 할 원가 계산은 실종되고, 그 공백을 난해한 수사와 복잡함이 메운다. 막연한 희망이 냉정한 현실을 덮어버리는 전형적인 전조다. 그래서 목적은 감정이 아니라 규칙으로 점검해야 한다.

효율적인 회의는 "무엇을 할까?"로 시작하지 않는다. "이 안건이 목적(오늘/분기/내년)에 무엇을 더하는가?"를 확인한다.

이 질문 하나가 관성적으로 흐르던 업무를 목적 위로 다시 올려놓는다. 계획표에도 할 일을 적기 전에 하지 않을 것의 목록을 먼저 둔다. 목적을 지키는 가장 확실한 방법은, 목적과 상관없는 일들이 시간과 자원을 갉아먹지 못하도록 여과 장치를 앞단에 배치하는 것이다.

결국 목적을 관리한다는 것은 박수 소리에 취해 비틀거리지 않고, 정확한 숫자와 거절의 목록으로 끊임없이 핸들을 바로잡는 일이다.

1 현실 감각
희망이라는 안개를 걷어내는 단위Unit의 계산

경제성은 목적을 현실의 주행으로 바꾸기 위한 연료 점검이다. 목적이 방향을 정한다면, 경제성은 지금 이 구조가 실제로 움직일 수 있는지를 묻는다.

연료가 뒷받침되지 않으면 아무리 정확한 방향도 현실을 단 한 뼘도 움직이지 못한다.

그러므로 경제성은 부자가 되려는 탐욕이 아니라, 내일도 이 시스템이 멈추지 않게 만드는 최소한의 생존 조건이다.

이 생존의 계기판을 읽을 때 가장 경계해야 할 것은 희망이다.

'이 물량만 넘기면, 이 고객만 잡으면'이라는 가정은 지금 이 순간의 출혈을 미래를 위한 투자라는 이름으로 포장한다. 출혈은 시스템이 망가지고 있다는 명백한 증거임에도, 희망은 이 신호를 덮고 현실의 적자를 가리는 손쉬운 진통제로 작용한다. 확증 편향을 먹고 자라는 희망은 경제성의 영역에서 현실을 가리는 안개일 뿐이다.

경제성은 이 안개를 걷어내고, 가치를 측정하는 가장 작은 분모인 단위Unit의 숫자를 직시하는 작업이다. 한 사람의 고객, 한 건의 거래라는 개별 단위가 스스로 생존하지 못한다면, 덩치를 키우는 것은 성장이 아니라 적자의 확장일 뿐이다.

이익처럼 보이는 거대한 숫자는, 사실 무너지고 있는 수백 개의 적자 단위를 가리기 위해 더 큰 비용(신규 고객 획득 비용)을 끌어다 쓰는 잠식인 경우가 많다. 성장하고 있다는 화려한 서사가, 사실은 겨우 버티고 있다는 기록을 오염시켜버리는 것이다.

단위 경제성을 측정하는 저울은 한 치의 오차도, 어떠한 희망도 배제한 채 차갑게 작동한다. 이 정확한 저울 위에서 목적은 비로소 현실의 무게를 갖는다.

2 숫자의 착시
화려한 성장 뒤에 숨은 파산의 그림자

경제성의 개념이 모호할 때, 과거의 한 장면을 떠올린다. 규모의 경제라는 희망이 현실을 어떻게 배신하는지를 보여주는 순간이다.

장면 · 월간 전략 회의실

마케팅 팀장이 상기된 얼굴로 화면을 가리켰다. 그래프는 가파르게 우상향하고 있었다.

"드디어 회원 수 100만 명을 돌파했습니다! 업계 1위의 성장 속도입니다."

회의실에 박수가 터져 나왔다. 모두가 우리는 성공하고 있다는 고양감에 취해 있었다. 대표는 박수를 치는 대신, 조용히 계산기를 두드리며 질문을 던졌다.

"수고하셨습니다. 그런데 한 명을 데려오는 데 얼마를 썼습니까?"

"1인당 획득 비용CAC은 약 5만 원입니다."

"그 한 명이 우리에게 얼마를 쓰고 나갑니까?"

"평균 객단가는 3만 원입니다."

회의실의 공기가 순식간에 차가워졌다.

"우리는 지금 3만 원짜리 지폐를 5만 원에 사 오고 있습니다. 한 명을 데려올 때마다 2만 원씩 현금을 태우고 있다는 뜻입니다. 100만 명이면 적자가 200억입니다."

여기에 서버 유지비와 고객 응대 비용까지 더하면, 실제 손실은 총 250억 원이 된다. 100만 명이라는 희망은 이 마이너스 250억 원이라는 현실을 가리는 안개였다. 구조가 그대로라면 100만 명은 성장이 아니라, 250억 원이라는 100만 개의 적자가 쌓이는 파산의 과정일 뿐이다.

경제성은 바로 이 단위가, 모든 희망과 기대를 걸어낸 지금 이 순간 스스로 생존 가능한지를 묻는 질문이다. 이 질문은 비정함이 아니라, 비용을 확정하는 기준이다. 거짓된 희망에 기대어 자신과 동료의 삶을 벼랑 끝으로 몰고가지 않겠다는, 설계자가 지켜야 할 현실적인 윤리이기도 하다.

3 비용의 진실
규모가 커지면 이익도 늘 거라는 착각

한 사람을 데려오는 데 돈이 들어갔다면, 반대편 저울에는 그 사람이 실제로 남겨줄 돈이 올라가야 한다.

여기서 중요한 것은 매출과 실제로 남는 돈을 같은 것으로 착각하지 않는 일이다. 매출은 박수처럼 화려하지만 희망이 섞인 숫자다. 조직의 자존감을 만족시킬 수는 있어도 생존을 보장하지는 못한다.

반면 실제로 남는 돈(매출에서 변동 비용을 뺀 기여 이익)은 진짜 현실이다. 시스템이 멈추지 않고 돌아가게 하는 동력도 바로 여기에 있다.

여기에 시간의 축까지 함께 넣어야 한다. 이익은 계산의 영역이지만, 현금은 존재의 영역이기 때문이다.

시장에는 세 가지 흐름이 존재한다.

- **즉시 회수 모델**: 첫 거래에서 바로 비용을 회수하고 이익을 남긴다. 현금 확보의 속도 자체가 무기가 된다.
- **페이백 모델**: 몇 번의 거래가 반복된 후에야 원금을 회수한다.

기간이 길어질수록 더 많은 외부 자본을 필요로 한다.

- **잠식 모델**: 긴 정산 주기나 후불 결제처럼 현금이 계속 잠기는 구조다. 회계상 흑자처럼 보여도 통장은 비어 있을 수 있다. 이익은 났는데 돈이 없어 망하는 것, 바로 흑자 도산의 전형이다.

이익률은 낮아 보여도 현금이 매일 빠르게 회전하는 모델이 무서운 이유가 바로 여기에 있다.

5%의 이익을 내일 얻는 사업은, 50%의 이익을 1년 뒤에 얻는 사업보다 강하다. 그 5%가 1년 동안 수십 번 반복되며 복리의 힘을 만들기 때문이다.

경제성을 볼 때 경계해야 할 것은 평균의 착시다. 서로 다른 조건의 수치를 한데 섞는 순간, 새는 지점이 가려진다. 바로 블렌디드 평균(흑자와 적자를 섞어 위험을 은폐하는 착시)의 함정이다.

단위 경제성은 늘 분해해서 보아야 한다. '무엇이 남는지'만이 아니라 '어디서 새는지'가 함께 보여야 한다.

또한 역치(한계를 넘는 순간 비용이 급변하는 전환 지점)의 비용을 간과할 수 없다. 특정 물량을 넘어서는 순간, 즉 현재 시스템이 감당할 수 있는 한계를 넘는 순간 비용은 선형적으로 증가하지 않고 계단식으로 폭증한다.

준비되지 않은 규모는 규모의 경제가 아니라 규모의 비경제다.

목적이 시스템을 무력화한다.

단위 경제성의 개선은 거대 담론이나 의지의 문제가 아니다. 그 것은 냉철한 공학적 접근이다.

실무에서 단위를 개선하려면, 희망이 아니라 작게, 빨리, 분명하게 움직여야 한다. 소량 가격 테스트나 반품 정책의 미세 조정처럼 작게 시작한다. 그래야 실패 비용이 낮아지고, 다음 시도를 견딜 여력이 생긴다.

또한 왕복 속도를 높여 빠르게 시도·교정하고, 한 번에 한 요소만 바꿔 재현성을 확보한다. 이런 반복이 실전에서 무엇을 모르는지를 선명하게 만들고, 결국 실력으로 전환된다.

"고객 한 사람의 순기여가 얼마나 바뀌었는가"라는 단위를 기준으로 이 사이클을 돌릴 때, 단위는 조금씩 탄력을 얻는다. 탄력이 붙어야 비로소 규모를 논할 수 있다. 탄력이 없는 상태에서 규모를 키우면 역치의 벽에 부딪혀 무너진다. 이것은 성장이 아니라 잠식이다.

저비용은 인색함이 아니라 정밀함의 문제다. 비대한 덩치를 자랑하는 것이 아니라, 군더더기 없는 근육으로 지치지 않고 오랫동안 달릴 수 있는 상태가 진짜 강함이다. 경제성은 목적을 완수할 때까지 조직이 멈추지 않도록 관리하는 현실적인 생존의 계산법이다.

감당할 수 있다는 계산은 끝났다. 그러나 '할 수 있다'는 사실이 곧 '출발해도 좋다'는 신호는 아니다. 여기서부터는 시기의 문제다. 문이 열리는 시간이 맞물려야 비로소 움직일 수 있다.

방향을 잡고 연료를 채웠다고 해서 언제나 출발할 수 있는 건 아니다. 현실은 정확한 질문 하나만 남긴다.

지금인가.

시기는 판단의 효율을 결정하는 핵심 요인이다. 내부 준비가 '옳음'이라면, 외부 허락은 '맞음'이다. 옳음은 맞음 위에서만 지속된다.

확인해야 할 점은 단순하다.

손에 매일 갱신되는 관찰 데이터가 쥐어져 있는가.

문이 열렸는가.

1 타이밍
감이 아닌 데이터로 읽는 진입 신호

시기를 읽는 일은 감이나 운을 믿는 게 아니다. 조급함을 끄고, 외부 환경이 보내는 신호를 해독하는 작업이다. 이 해독을 위해 확인해야 할 결정적인 지표, 시계의 네 바늘이 있다.

이 바늘들이 한 지점에 겹쳐질 때, 닫혀 있던 기회의 문은 열린다.

첫째, 수요의 온도를 본다. 요란한 기사나 소문 말고, 사람들이 실제로 검색하고 찾아오는 선행 지표가 있는지 확인한다.

검색량, 상담 요청, 체류 시간 같은 데이터다. 시장이 보내는 초대장이다. 보도 자료만 요란하다면 수요가 아니라 보여주기 구간일 수 있다. 선행 지표는 잠잠한데 후행 지표만 요란한 상태에서 진입하는 건 희망을 증거로 착각하는 오판이다.

둘째, 규정의 창이 열렸는지 살핀다. 인허가나 플랫폼 정책 같은 제도의 문이 닫혀 있다면 도전이 아니라 도박이다.

창의 폭이 좁다면 모든 자원을 투입하는 전면 착수는 멈춰야 한다. 이때 합리적 선택은 정면 돌파가 아니라 우회다. 제도의 벽을 부수는 대신, 낮은 비용으로 통과할 틈을 탐색한다.

셋째, 기술의 고도가 받쳐주는지 본다. 데모 영상만 화려한 건 의미가 없다. 야간 장애를 견딜 만큼 안정된 운영 능력이 있는지, 실패 시 즉각 복구할 체력이 갖춰져 있는지를 묻는다.

기술적 준비 부족을 무시하고 희망을 앞세워 서두르는 행위는, 규모의 비경제와 역치의 비용을 정면으로 맞이하는 일이다.

넷째, 문화가 '멋'이 아닌 '편'의 단계까지 내려왔는지 판정한다.

"시장은 멋이 아니라 편이 지배한다."

멋이 감탄을 부르는 소비라면, 편은 반복을 부르는 습관이다. 고객의 불편을 해결해 삶의 일부가 된 제품은, 적은 힘으로 시장에 안착해 오래 살아남는다. 서비스가 타인의 삶에 의식적인 선택이 아닌 무의식적인 배치로 자리 잡았을 때, 정확한 문이 열린다.

이 네 가지 신호 중 하나라도 명확하지 않다면, 섣부른 진입을 멈추고 추가 검증을 위한 대기 상태로 전환해야 한다.

2 준비와 기회
감당할 수 없는 속도가 부르는 사고

시기 판단은 '빠르냐 늦으냐'의 문제가 아니다. 내부의 준비와 세상의 허락이 맞물리는 공명의 문제다.

세상이 원해도 내가 준비되지 않았다면 기회는 위기가 되고, 내가 준비됐어도 문이 닫혀 있다면 노력은 허공으로 흩어진다.

둘 중 하나만 부족해도 결과는 출력되지 않는다.

- **문도 열리고 나도 준비됐다면**: 망설임이 가장 큰 비용이다. 과감하게 문을 열고 나간다.

- **문은 열렸는데 내가 부족하다면**: 완벽을 기하느라 지체하지 않는다. 작고 빠르게 시도하며 실전에서 배운다. 낮은 비용으로 즉시 실행하여, 실패 비용을 통제하고 준비 완성도를 끌어올린다.

- **나는 준비됐는데 문이 닫혀 있다면**: 억지로 문을 부수지 않는다. 이때 기다림은 멈춤이 아니라 사냥이다. 결정적인 순간에 확신을 줄 증거를 수집하는 능동적인 대기다.

- **둘 다 아니라면**: 그 길은 내려놓는다. 재고의 여지는 없다. 포기

가 아니라 자원 보존이며, 아집으로부터의 해방이다.

결국 시기를 안다는 건 '지금 달려야 할 때인가, 아니면 웅크려야 할 때인가'를 정확히 아는 능력이다.

장면 열린 문과 준비되지 않은 몸

시기가 열렸다는 신호는 완벽에 가까웠다. 수요 곡선은 가파르게 상승했고, 막혀 있던 규제의 빗장도 풀렸으며, 기술적 난이도 역시 해결된 상태였다. 외부 조건만 보면 기다릴 이유는 없어 보였다. 문제는 내부의 조급함에서 터졌다.

출시 첫날, 트래픽이 평소의 열 배를 넘어서기 시작했다. 서버 모니터링을 하던 엔지니어가 다급하게 보고한다.

"현재 인프라로는 감당이 안 됩니다. 당장 마케팅 비용 집행을 멈추고 트래픽 유입을 차단해야 합니다."

하지만 사업 책임자는 화면의 상승 그래프에 취해 고개를 젖는다.

"무슨 소리야, 물 들어올 때 노 저어야지. 지금 멈추면 이 흐름 다 죽습니다. 무조건 버티세요."

결과는 참담했다. 밀려드는 주문을 시스템이 감당하지 못해 매일 밤 셧다운되었고, 고객 응대는 병목에 걸려 마비되었다.

준비된 매뉴얼이 없으니 현장에서는 즉흥적인 책임 공방만 오갔고 작은 실수들이 연쇄적인 신뢰 파괴로 이어졌다. 문은 열려 있었지만, 그 틈을 통과하는 과정에서 몸이 먼저 부서진 것이다. 이 실패는 단순한 불운이 아니다. 멈춰야 할 때 엑셀을 밟은 오만이 낳은, 결합을 점검하지 않은 설계 누락이다.

3 적합성
우열이 아닌 결이 맞는가의 문제

적합성[13] 판단은 평가가 아니라 결합의 문제다. 이 불일치는 개념 문제가 아니라, 현장에서만 드러나는 물리적 충돌로 나타난다.

계획은 수정할 수 있지만, 실행 조직은 인력·자금·시간이라는 물리적 한계치를 갖는다. 이 한계를 무시하고 무리한 계획을 주입할 때 발생하는 부작용, 공학에서는 이를 마찰로 정의한다. 적합성을 찾는 과정은 불필요한 마찰열을 제거하는 최적화 공정이다.

따라서 적합성은 서열 문제가 아니다. '누가 더 뛰어난가'가 아니라, '누가 이 일의 리듬과 맞물리는가'의 문제다. 결이 맞지 않는 대상에게 의지를 강요하는 건 리더십이 아니라 구조적 폭력이다.

큰 실패는 대부분 무능이 아니라, 이 어긋남에서 발생한다.

장면 **고성능의 저주**

한 조직이 업계 최고 스펙을 가진 K 팀장을 영입한다. 그는 대기업의 체계적인 시스템 안에서 완벽함을 추구하며 성장해 온 인재였다. 이력서만 보면 조직을 단숨에 끌어올릴 구세주처럼 보였다.

그러나 조직 현실은 달랐다. 해당 조직은 빠른 실행과 잦은 수정을 반복하며 시장을 뚫어야 하는 단계였다. 정교한 보고보다 즉시 작동하는 투박한 시제품이 필요했고, 완결된 기획보다 현장 반응을 빠르게 확인하는 리듬이 요구되었다. 불일치는 곧 마찰로 나타났다.

현장은 당장 돌아갈 결과물을 요구했지만, 그는 보고서의 줄 간격과 폰트, 표현의 정합성을 맞추는 데 시간을 썼다. 회의는 길어졌고, 결정은 늦어졌다. 팀원들은 그의 높은 기준을 맞추느라 고객 만날 시간을 잃었다. 엔진은 과열되었고 차체는 흔들렸다. 높은 출력은 성과가 아닌 소음과 열로 빠져나갔고, 결국 그는 3개월 만에 조직을 떠났다.

그는 무능하지 않았다. 문제는 개인 역량이 아니라, 그 역량이 실려 올라간 차체의 한계였다. 조직이 감당할 수 없는 고출력은 성능이 아니라 파괴적인 소음이 된다. K 팀장 영입은 도전 실패라기보다, 구조적 부조화로 인한 에너지 소모에 가깝다.

이 원리는 실무자가 준비되지 않은 상태에서 속도를 강요받을 때도 동일하게 적용된다. 이때 무작정 "못하겠다"고 거부하면 무능으로 비치지만, 발생 가능한 사고 확률을 수치로 고지하면 리스크 관리가 된다.

차체가 견딜 수 없는 속도를 낼 때, 운전자는 멈추는 게 아니라 경고등을 켜야 한다.

"지금 당장 론칭할 수 있습니다. 다만 테스트 미비로 서버가 다운될 확률이 20%입니다. 이 리스크를 감수하고 진행할까요, 아니면 3일 더 테스트하고 안정적으로 갈까요?"

이 질문은 책임 회피가 아니다. 실패 시 책임 소재를 명확히 하는 보험이자, 결정권자에게 속도와 안정성이라는 비용을 선택하게 만드는 건조한 질문이다.

4 공회전 점검
노력해도 성과가 나지 않을 때의 신호

적합성은 머릿속의 정의가 아니라, 반복해서 나타나는 현상으로 드러난다. 어제는 잘됐는데 오늘은 무너지는 기복, 시간이 지나도 손에 익지 않고 피로만 쌓이는 뻑뻑함, 실수가 생겼을 때 관계와 일이 빠르게 제자리로 돌아오지 못하는 둔한 회복.

여기에 조직이 성장을 말하면서도 보상은 다른 방향을 가리킨다면, 이미 어딘가 결합이 어긋나 있다는 뜻이다.

이 판단을 복잡하게 끌고 갈 필요는 없다. 결국 봐야 할 것은 두 가지다.

얼마나 많은 에너지가 들어가고 있는가, 그리고 그 에너지가 실제 결과로 얼마나 바뀌고 있는가.

전자가 RPM이라면, 후자는 속도다. 야근과 스트레스는 치솟는데 진척과 성과가 거의 움직이지 않는다면, 문제는 노력의 부족이 아니라 동력이 제대로 전달되지 않는 구조에 있다.

가장 위험한 상태가 바로 공회전이다. 겉으로는 엔진이 크게 도는데 차는 앞으로 나아가지 않는 상태다. 이때 필요한 건 더 세게 밟는 일이 아니다. 지금의 결합이 맞는지 다시 보는 일이다. 억지로 버

티는 대신, 어디가 헛돌고 있는지 확인하고 어긋난 연결을 다시 맞
춰야 한다.

사람들은 흔히 복원성[14]을 다시 일어서는 의지로 오해한다.

하지만 복원성의 본질은 심리학이 아니라 공학이다. 복원성은 막연한 버팀이 아니라, 손실의 상한선을 미리 정해 치명상을 막는 설계다.

'모든 것을 잃을 수도 있다'는 불확실성을 '여기까지만 잃는다'는 확정된 비용으로 바꾸는 기술이기도 하다.

여지는 무한한 공백이 아니다. 원점으로 반드시 돌아오게 만드는 안전 반경이다.

<h1>1 복원성의 전제
열정이 식어도 굴러가는 시스템</h1>

사람이 마주하는 중대한 결정들은 고정된 정답이라기보다, 특정 시점의 개인이 조건과 맺는 임시 합의에 가깝다.

'무슨 일이 있어도 해내겠다'는 비장함은 의지력에 기대는 가장 손쉬운 방식이다. 지속 가능한 선택은 감정의 온도가 아니라, 바닥의 준비물과 후퇴 경로의 설계라는 매뉴얼에서 나온다.

선택을 내리기 전, '이것을 얼마나 간절히 원하는가'라는 감정 크기를 측정하는 일은 사유를 마비시킨다.

대신 후퇴 경로(불길이 번질 때 빠져나갈 비상구) 설계가 선행되어야 한다. 감정이 개입하기 전, 시작의 순간에 두 가지를 문장으로 약속해 둔다.

- **수용의 조건**: 이러한 흐름이라면 감내한다.
- **철수의 조건**: 이러한 전개라면 즉시 중단한다.

기준은 거창하지 않다. 구체적인 생활의 숫자로 하한선과 종료선을 긋는다.

- 최소한 이 정도의 수입을 확보할 것. (생존의 하한선)
- 가족과 보내는 저녁 시간을 주 3회 이상 확보할 것. (관계의 하한선)
- 단, 준비된 예산이 모두 소진되면 성과와 무관하게 즉시 종료할 것. (명확한 철수 조건)

기준이 문장으로 남아 있으면, 시간이 흘러 마음이 식거나 상황이 변해도 판단은 흔들리지 않는다. 이 문장들은 자아와 결과를 분리하는 심리적 안전판이다.

여지의 설계는 감상적인 태도가 아니라, 조건과 경로를 미리 배치하는 공학적 행위다. 그 배치가 있을 때 후퇴는 변심으로 읽히지 않는다. 약속된 규칙의 실행이 되기 때문이다. 이것이 복원성의 첫 번째 단추다.

2 시나리오
최악을 대비한 플랜 B의 존재

책상 서랍에 성공 시나리오 하나만 들어 있다면, 결과가 예상에 미치지 못했을 때 꺼낼 카드가 없어 멈춰 서야 한다. 실패나 빚더미 같은 사건이 아니더라도, 갈 길을 잃은 채 표류하게 된다.

무엇을 해야 할지 몰라 허비하는 정지 상태를 막으려면, 언제든 열 수 있는 여분의 서랍이 필요하다.

사람들이 흔히 계획이라 부르는 것은, 단 하나의 시나리오에 모든 에너지와 기대를 몰아넣은 상태일 때가 많다. 계획이 아니라 신념이다.

첫 프로젝트를 시작하며 무조건 성공이라는 단 하나의 시나리오만 붙들고 있다면, 플랜 B를 만드는 일은 패배를 미리 인정하는 나약함으로 치부된다. 그 오만의 대가는 혹독하다. 예상치 못한 악재로 시장이 멈췄을 때, 멈출 기준도, 물러설 길도 없게 된다.

현실적인 선택 설계에는 서로 다른 위치의 서랍들이 필요하다.

- **무난한 흐름**: 현재의 선택을 유지하는 이유와 경로를 적어 둔다. 기준선이다.

- **기대보다 좋은 흐름**: 성공적인 결과를 바탕으로 추가 투자와 확장의 기준을 적어 둔다. 상방을 관리한다.
- **힘든 흐름**: 최악의 경우를 상정하고 손실을 제한하는 기준을 적어 둔다. 하방을 대비한다.

핵심은 힘든 흐름의 시나리오를 구체적으로 설계하는 것이다. 비관론이 아니다. 실패할 수 있음을 구조적으로 수용함으로써, 존재가 결과에 휘둘리지 않게 막는 능동적 설계다.

다시 시작할 수 있는 복원의 설계도는, 최악의 상황을 대비한 이 세 번째 서랍 안에 보관된다. 어떤 결과 앞에서도 자신을 잃지 않겠다는 최소한의 안전장치다.

3 멈춤의 조건
감정이 아닌 기준에 따른 멈춤

복원성은 감각이나 각오가 아니다. 조건에 반응하도록 설계된 메커니즘이다. 이 메커니즘은 독립적으로 작동하지 않는다. 하나라도 빠지면 전체 구조가 흔들린다.

A. 멈춤의 신호: 감정이 아닌 알고리즘

—

자아를 보호하기 위한 중단이 심리적 선언이라면, 복원성을 위한 멈춤은 철저히 알고리즘에 의해 집행된다.

매몰 비용이 의사결정 회로에 침투하는 것을 막기 위해, 특정 조건이 충족되면 자동으로 전원이 차단되는 손실 차단 스위치를 설계한다.

잘못된 신호와 올바른 신호는 분명히 구분되어야 한다.

- **잘못된 신호**: 힘들면 그만둔다. (감정 의존)
- **올바른 신호**: 3주 연속 손실이 허용 범위를 넘어서면 프로젝트를 중단한다. (데이터 의존)

핵심은 그만둘지 말지를 고민하지 않는 데 있다. 언제 자동으로 종료될지를 시작 전에 이미 결정해 두는 것이다. 종료 기준이 객관 지표에 연동될 때, 중단은 고통스러운 결심이 아니라 예정된 절차가 된다.

절차로 설계된 멈춤은 자아를 덜 상처 입히고, 대신 더 많은 데이터와 교정의 여지를 남긴다.

B. 후퇴 경로의 물리적 구축

—

후퇴 경로는 멈춘 뒤 돌아갈 곳이 있다는 심리적 위안이 아니라, 이전 버전으로 되돌아갈 수 있도록 준비된 복귀 장치다.

소프트웨어를 배포하기 전에 되돌림 스위치(롤백)를 만들어 두 듯, 모든 중대한 결정에는 되돌리기 버튼이 설계되어 있어야 한다. 예를 들어 신사업 팀을 구성할 때, 실패 시 복귀할 정원과 역할을 사전에 문서로 확정해 두는 것이다. 이 문서가 곧 후퇴 경로의 실체다.

이 경로가 확보되어 있을 때, 실패는 시스템 전체가 타버리는 완전 연소가 아니라 수리 가능한 부분 파손으로 처리된다. 후퇴가 가능한 구조에서만, 시도는 관리 가능한 실험이 된다.

C. 부분 약정: 리스크의 분산

—

부분 약정(소규모 검증)은 자원 투입을 단계적으로 나누어 실패 충격을 통제하는 방식이다. 한 번에 전부를 거는 방식이 아니라, 작은 단위로 나누어 변동성을 관리한다.

이 원칙은 삶의 무거운 결정들을 다음과 같은 가벼운 실험으로 전환한다.

- **진로의 탐색**: 모든 것을 걸고 전과를 감행하기보다, 한 학기 보조 과목을 수강하며 적성을 먼저 확인한다.
- **이직의 검증**: 당장 사표를 던지기보다, 현장에서 필요한 기술을 퇴근 후 작은 사이드 프로젝트로 검증한다.
- **사업의 실험**: 대규모 출시가 아니라, 한 도시, 한 고객군, 단 하나의 핵심 기능만으로 전체 사이클을 작게 돌려본다.

부분 약정[15]은 조심스러움이 아니다. 정보 획득 비용을 낮추는 공학적 선택이다. 가장 낮은 비용으로 '이것이 나에게 맞는가'라는 가장 비싼 정보를 경험을 통해 사는 방식이다.

최소 단위에서 시작하면 실패는 감당할 수준의 데이터가 된다. 이로써 자아는 회복 불가능한 좌절로부터 분리된다.

4 과감함의 비결
확실한 브레이크가 만드는 질주

사람들은 흔히 퇴로를 차단하는 배수진을 용기라 착각하지만, 돌아올 길을 끊는 행위는 도박이다. 뒷문이 잠겨 있다는 공포는 사람을 절박하게 만들 수는 있어도 결코 과감하게 만들지는 못한다.

실패가 곧 끝이라는 압박 속에서 인간은 본능적으로 위축되고, 가장 보수적인 선택만 반복하게 된다.

속도를 내지 못하는 진짜 이유는 능력 부족이 아니라 '멈출 수 없다'는 공포 때문이다. 진정한 과감함은 깡에서 나오지 않는다. 안전장치가 확보되어 있다는 구조적 확신에서 나온다. 이 확신이 있을 때만, 사람은 위험을 계산 가능한 영역으로 인식하고 전력을 다해 밀어붙일 수 있다.

스포츠카가 일반 차량보다 훨씬 강력한 브레이크를 장착하는 이유는 멈추기 위해서가 아니다. 누구보다 빠르게 달리기 위해서다.

확실하게 설 수 있다는 믿음이 있을 때만, 직선 구간에서 엑셀을 끝까지 밟을 수 있다.

복원성은 실패를 제거하지 않는다. 실패의 크기만 제한한다.

실패가 발생하더라도 큰 피해로 번지지 않도록 손실 상한선을 미리 설정하는 설계다. 조심스러움을 강요하는 장치가 아니라, 과감함을 가능하게 만드는 전제 조건이다.

넘어져도 다시 일어날 수 있다는 구조적 확신이 있을 때, 사람은 비로소 전력 질주한다. 레이싱 드라이버가 믿는 것은 자신의 불사신 같은 운명이 아니다. 슈트와 롤케이지라는 견고한 안전 프레임이다.

복원성은 안전벨트이자, 강력한 엔진의 일부다. 하지만 엔진을 멈추는 건 내 기분이 아니라, 계기판이 보내는 신호여야 한다.

감각은 지치면 무뎌지지만, 숫자가 가리키는 신호는 거짓말을 하지 않는다.

❶ 상황 Signal

리스크가 큰 프로젝트를 시작하며, 상사가 "무조건 되게 하라"며 압박할 때

❷ 판단 기준 Check

• 100% 성공을 장담할 수 있는가? (아니요)

• 실패했을 때 책임 소재 때문에 서로 얼굴 붉힐 일이 생기는가? (예) → 전략: 실패 시의 행동 요령을 내 판단이 아닌 상사의 지침으로 미리 받아둔다.

❸ 출력 문장 Output

"팀장님, 말씀하신 대로 이번 건은 최대한 공격적으로 가보겠습니다. 만약 15일까지(목표 숫자)가 안 나오면 그때는 바로 예산을 줄이고 보수적으로 전환하겠습니다. 이 부분만 컨펌해 주시면, 제가 머뭇거리지 않고 결과를 만드는 데만 집중하겠습니다."

아무리 완벽한 계획도 실행하기 전까지는 가설에 불과하다. 증거는 그 가설이 진짜 맞는지 확인해 주는 현실의 신호다.

정교하게 계산된 경제성도 시장의 냉대 앞에서는 무력해질 수 있고, 완벽해 보이던 시기도 예상치 못한 상황 앞에서는 틀어질 수 있다.

기준이 머릿속 시뮬레이션에 머물면 확신은 아집으로 변질되고, 속도는 실패를 앞당길 뿐이다.

여기서 핵심은 분명하다. 증거[16]는 '옳았다'를 장식하는 전리품이 아니라, 더 가면 위험하다는 제동 신호다. 가속은 의지가 밟지만, 브레이크는 증거가 밟는다.

1 안전 차단기
과부하 시 자동으로 꺼지는 설계

주식 시장이나 전기 설비에는 서킷 브레이커[17](과열 시 작동을 일시 정지시키는 자동 차단 장치)라는 개념이 존재한다.

시스템에 과부하가 걸렸을 때, 전체가 타버리기 전에 스스로 전원을 차단해버리는 장치다. 이 장치의 존재 이유는 단 하나다. 확정적 위험의 방어다.

삶의 설계에도 이 서킷 브레이커를 둔다. 사람은 흔히 멈추지 못해 망한다.

'조금만 더 하면 될 것 같다'는 희망, '지금까지 쏟은 돈이 얼마인데'라는 매몰 비용, 그리고 '지금 멈추면 패배자가 된다'는 자존심.

이 감정들이 엉켜 과부하를 일으킨다. 그때 멈춰 세우는 건 인간의 의지가 아니다. 사전에 설정된 기계적인 차단 장치뿐이다.

증거가 가장 극적으로 작동하는 순간은 가속할 때가 아니라, 멈춰야 할 때다. 모두가 희망에 차 있을 때 찬물을 끼얹는 건 엄청난 용기를 필요로 한다. 이때 용기의 원천이 되어주는 것이 바로 증거라는 이름의 차단기다.

장면 신제품 출시 D-7 점검 회의

회의실 화이트보드에는 '출시 7일 전'이라는 글자가 붉게 적혀 있다. 마케팅 팀은 이미 광고 예산을 집행하기 시작했고, 영업 팀은 유통망 확보를 마쳤다고 보고한다. 분위기는 고조되어 모두가 성공을 확신하며 축배를 들 준비를 하고 있다.

그때, 품질 관리(QA) 담당자가 조용히 손을 든다. 화면에 띄워진 것은 화려한 매출 전망치가 아니라, 지난 3일간의 테스트 로그다.

"죄송하지만, 출시를 보류하고 재점검해야 합니다."

회의실에 정적이 흐른다. 누군가 따지듯 묻는다.

"지금 멈추면 비용이 얼만지 아십니까? 마케팅 위약금만 수천만 원입니다. 작은 버그 하나 때문에 다 망치자는 겁니까?"

감정적인 반발이 쏟아진다. '지금까지 고생한 게 아깝지 않냐', '일단 출시하고 고치면 된다'는 희망 섞인 주장들이 오간다. 담당자는 묵묵히 다음 페이지를 넘긴다.

"진정하시고, 합의한 내용을 봐주십시오. 우리는 3개월 전, [치명적 오류 발생률 0.1% 이상이면 론칭을 전면 보류한다]고 결정했습니다. 현재 오류율은 0.3%입니다. 이대로 강행하면 브랜드 전체가 타격을 입습니다."

그가 제시한 것은 의견이 아니라, 사전에 합의된 증거였다. 이 증거는 과열된 조직의 감정을 끊고, 이성의 회로를 보호한다. 결국 회사는 출시 연기를 선언한다.

멈춤은 실패가 아니다. 0.3%의 오류라는 증거가 서킷 브레이커를 작동시켜, 조직이 벼랑 끝으로 떨어지는 것을 막아낸 성공적인 제동이다.

차단기가 내려갔다는 건 불이 나지 않았다는 뜻이다. 당장의 손실은 있어도, 시스템은 보호된다.

2 작동 조건
의지가 아닌 신호에 따르는 멈춤

서킷 브레이커는 사람 기분에 따라 내리는 게 아니다. 특정 조건이 충족되면 자동으로 떨어지도록 설계된 트리거[18] (한계점 도달 시

즉시 반응하는 격발 장치)다. 이를 위해 필요한 건 복잡한 고민이 아니다.

"이 신호가 뜨면 떨어진다"라는 단순하고 강력한 기준이다.

다음 세 가지 상황이 차단기의 작동 조건이 된다. 이 중 단 하나라도 해당한다면, 더 이상 희망을 가질 구간이 아니다.

첫째, 단위가 깨질 때. 전체 매출이 오르고 있다고 해서 안심해서는 안 된다. 전체 평균은 종종 개별 단위의 적자를 은폐하는 착시를 일으킨다.

고객 한 명을 데려오는 비용이 그 고객이 쓰는 돈보다 커지는 순간, 혹은 프로젝트를 수행할수록 마진이 줄어드는 순간. 이것은 성장이 아니라 '팔수록 손해 보는 구조'로 진입했다는 명백한 증거다.

단위가 깨졌다는 증거 앞에서는 희망을 가질 필요가 없다. 구조적 결함이 발견된 것이다.

둘째, 추세가 꺾일 때. "왕년에는 잘나갔어"라는 말은 증거가 아니다. 화려한 과거 데이터는 잊는다.

증거로서 가치가 있는 건 대부분 '직전 3개월의 흐름'뿐이다. 성장하던 그래프가 횡보하거나 하락세로 전환되었는데, 뚜렷한 외부 요인이 없다면 제품이나 서비스 수명이 다했다는 내부 신호다. 이때 "일시적일 거야"라며 버티는 건 아집이다.

추세의 하락은 시장이 보내는 정직한 경고장이다.

셋째, 전제가 무너질 때. 모든 시작에는 전제가 있다. "환율이 1,200원대라면 이익이다", "경쟁사가 진입하지 않는다면 승산이 있다"와 같은 가정들이다.

시장 상황이 변해 전제가 무너졌다면, 그 위에 세운 모든 계획도 자동으로 폐기된다. 기반이 사라진 건물은 붕괴를 예약한 것과 같다. "그래도 여기까지 왔으니"라는 미련은 통하지 않는다.

이 기준은 사업에만 해당하는 이야기가 아니다. 관계와 진로와 협업에서도, 구조가 깨지고 흐름이 꺾이며 전제가 무너졌다면 같은 판단이 필요하다.

이 세 가지 경고등이 켜졌는데도 "조금만 더"를 외치는 건 용기가 아니라 도박이다.

3 최종 점검
책상 위 계획과 현장의 일치 여부

차단기가 작동하지 않는다면, 시스템은 가동 대기 상태다. 출발 직전, 책상 위 설계가 현장 데이터와 일치하는지 확인하는 전체 검사만이 남는다.

지금까지 설계가 허상이 아님을 판정하는 최종 승인 도장이다.

판단은 직감이 아닌, 수집된 증거가 다음 다섯 가지 질문에 'Yes'라고 답할 때만 확정된다. 이 과정이 필요한 이유는 단 하나다. 증거는 신념을 이긴다. 아무리 견고한 신념도 현장의 데이터가 "아니요"라고 말한다면 즉시 중단된다. 증거는 내 바람을 지지하기 위해 존재하는 게 아니라, 현실을 있는 그대로 보여주기 위해 존재한다.

● **목적의 증거**: 고통이 소모적인가, 생산적인가

단순히 힘든 것은 증거가 아니다. 지금의 고생이 문제를 해결하는 과정인지, 아니면 그저 버티기만 하는 소모전인지가 중요하다. 불평 대신 대안이 나오고 있다면 목적은 살아있는 것이다. 냉소만이 흐른다면, 그것은 목적이 아니라 고집이다.

● **경제성의 증거**: 투입보다 산출이 큰가

막연한 기대 수익은 증거가 아니다. 실제로 내 시간과 에너지를 투입했을 때, 그만큼의 결과(보상, 성과, 인정)가 돌아오고 있는지가 증거다. 밑 빠진 독처럼 투입량만 늘어나고 산출량이 없다면, 이 구조는 지속 불가능하다.

- **시기의 증거**: 액션에 대한 반응이 있는가

준비되었다는 느낌은 주관적이지만, 외부의 반응은 객관적이다. 내가 던진 제안이나 결과물에 대해 동료, 상사, 혹은 시장이 반응하지 않는다면 아직 때가 아니다. 그래프가 움직이지 않는데 "버티면 된다"고 말하는 건 시기를 읽는 게 아니라 외면하는 것이다.

- **적합성의 증거**: 내 역량은 규격에 맞는가

하고 싶다는 의욕이 내 역량의 한계치를 마법처럼 늘려주진 않는다. 100의 하중을 견디는 뼈대에 200의 짐을 얹고 달린다면, 그건 기회가 아니라 사고다. 감당할 수 없는 계획에 열정만 믿고 들이미는 건 도전이 아니라 붕괴다. 의지가 아니라 규격이 맞아야 목적지에 닿는다.

- **복원성의 증거**: 안전장치는 작동하는가

"잘 될 것이다"라는 가정은 증거가 아니다. "만약 지금 실패한다면, 치명상을 입지 않고 원점으로 돌아올 수 있는가"에 대한 물리적 확인만이 증거다. 퇴로가 없는 질주는 용기가 아니라 도박이다.

이 다섯 가지 질문에 대해 현장의 데이터가 긍정할 때, 확신은 성립한다. 확신은 뜨거운 열정에서 나오는 게 아니다. 차가운 증거들이 서로 모순 없이 맞물려 돌아갈 때 느껴지는, 기계적인 안도감이다.

증거가 도달하는 마지막 결론은 하나다.

멈춰야 할 때를 아는 것.

그 한 번의 제동이 선택을 도박에서 관리로 바꾸고, 관리가 가능해지는 순간 비로소 여지는 확보된다. 멈출 수 있는 근거를 가진 사람만이, 최고 속도로 달릴 자격을 얻는다.

3
설계

**"겁내지 말고 떠나라.
등 뒤에 돌아올 길만
남겨두었다면,
그건 모험이 아니라
여행이다."**

못난 사람의 고백: 흔들리는 나를 위하여

고백: "나는 이 약속들을 가장 많이 어기는 사람입니다."

아무리 좋은 도구를 만들어도 여전히 불안했습니다. 원칙은 그럴듯하게 정리했는데, 정작 그 원칙 안에서 살아가야 할 자신이 가장 믿을 수 없는 사람이었기 때문입니다. 그래서 도구만으로는 부족했습니다. 이 헐거운 마음을 단단히 붙잡아줄 끈, 즉 태도가 필요했습니다. 이것은 그 구조가 만들어낸 고백입니다.

책의 중반을 넘어서며, 빈틈없는 논리와 빽빽한 규칙들을 적어 내려가는 동안, 문득 독자가 아닌 자신에게 주눅이 들었습니다. 그리고 스스로에게 물었습니다.

'너는 정말 네가 말한 대로 매 순간을 치열하게, 한 치의 흐트러짐도 없이 살고 있는가?'

그 질문 앞에 낮은 자세로 고백합니다.

'아니요. 나는 사실 이 기록을 수도 없이 어기는 형편없는 사람입니다.'

멀리 갈 것도 없습니다. 바로 어제 저녁, 아내의 사소한 말 한마디에 순간적으로 발끈해, 모름의 규율[19] 따위는 까맣게 잊고 날카로운 말을 내뱉어 버렸습니다. 아이가 물을 쏟았을 때는 너그러운 여지를 두기는 커녕 짜증부터 냈습니다.

그리고 돌아서서, 이 원고를 보며 얼굴이 화끈거려 펜을 놓았습니다. 글로는 이렇게 근사한 원칙을 세워 놓고, 고작 이 정도 감정도 다스리지 못하는 인간이라니.

이곳에 적힌 수많은 질서와 규칙들, 단단해 보이는 단어들은 강인한 사람이라서 나온 것이 아닙니다. 정반대입니다. 불확실한 상황을 누구보다 무서워하고, 감정에 휩쓸려 섣부른 말을 뱉고는 매번 후회하며, 조금만 틈이 보이면 편한 길로 도망치고 싶어 하는 지극히 겁 많고 게으른 사람이기 때문입니다.

그래서 인위적인 울타리가 절실했습니다. 이 집요한 약속들은, 컨디션이 좋고 마음이 너그러운 날을 위한 것이 아닙니다. 그런 날에는 이런 도구 없이도 충분히 친절하고 성실할 수 있습니다.

이 냉정한 원칙들은 가장 지치고, 남을 미워하고 싶고, 모든 것을 내팽개치고 싶은 날을 위해 존재합니다. 마음속 밑바닥이 드러날 때, 최소한의 사람다움을 지켜줄 대리자가 필요했습니다. 그래서 무너지지 않기 위해 이 틀을 만들었습니다.

이 기록은 성공한 사람의 비결을 적은 승전보가 아닙니다. 이것은 매일 넘어지는 한 인간이, 길을 잃었을 때 다시 제자리로 돌아오기 위해 남겨둔 오답노트입니다.

혹여 이 문장들이 누군가를 다그치는 채찍처럼 느껴졌다면, 먼저 그 무게를 덜고 싶습니다. 어제 마음먹은 다짐이 오늘 무너졌더라도, 이제는 스스로를 탓하지 않으려 합니다. 저 역시 매일 흔들리고, 다시 세우는 일을 반복하는 중이기 때문입니다.

다짐이 무너진 것은 부족해서가 아닙니다. 그만큼 본성이 생동감 있게 살아 있다는 방증일 뿐입니다. 그럴 땐 억지로 몸을 일으키려 애쓰지 않았습니다. 그저 오늘은 게으름이 이긴 날이구나 하고 조용히 하던 일을 멈췄습니다.

사람은 기계가 아니기에, 흔들리는 것이 자연스럽습니다. 미리 봐둔 돌아올 길만 있다면, 언제든 다시 시작할 수 있습니다.

이 기록이 완벽함을 자랑하는 훈장이 아니라, 가장 초라하고 약한 순간에 무너지지 않도록 받쳐주는 단단한 버팀목이 되기를 바랍니다.

잠시 노트북을 덮고 창문을 엽니다. 엄격한 원칙들 너머에는, 여전히 편안한 숨을 기다리는 다정한 삶이 있습니다. 오늘은 원칙을 잠시 잊고, 그냥 쉬겠습니다.

내일 다시 원칙과 기록으로 돌아가는 이유는 같습니다. 이 느슨한 천성이 함부로 사람을 다치게 하지 않도록, 삶을 다시 질서 안에 두기 위해서입니다. (*)

태도: 감정에 지지 않는 프로의 직업 윤리

　말이 끝나기도 전에 결론부터 내리고 싶은 순간이 있다. 불안을 빨리 끄고 싶은 조급증이다. 이 충동을 제어하지 못하면 해석은 침범이 되고 관계는 닫힌다.

　완벽한 계획도 사람 앞에서는 자주 무력해진다. 타인은 값을 입력해 예측할 수 있는 변수가 아니라 통제 밖에 놓인 존재이기 때문이다.

　나의 질서와 타인의 리듬이 부딪히는 지점에는 충돌 방지 시스템이 필요하다. 여기서 방임과 여지는 갈라진다. 방임이 자신을 숨기기 위한 도피라면, 여지는 타인을 위해 빈자리를 남겨두는 선택이다.

　자신에게는 기술이고, 타인에게는 윤리다. 기술은 효율을 높이지만, 윤리는 그 효율이 사람을 베지 않도록 제어한다.

　해석의 자격은 지식의 양이 아니라 판단을 늦추는 절차에서 생긴다. 타인을 목적을 위한 데이터로 환원하지 않겠다는 설계다.

함부로 평가하고 단정하고 가르치려 드는 태도는 상대를 인격이 아니라 조작 가능한 부품으로 취급하는 통제 욕구의 산물이다. 이 방식은 편리하다. 논리만으로 상대를 밀어붙일 수 있기 때문이다. 하지만 그 편리는 대화의 비용을 줄이는 대신 관계를 무너뜨린다.

협상 테이블에서 상대가 주저할 때 질문 대신 논리로 입을 막는 순간, 말은 설득이 아니라 강요로 바뀐다.

그래서 사람 앞에서는 먼저 판단을 멈춰야 한다. 쌓아온 경험과 원칙도 그 순간만큼은 한 박자 늦게 들어와야 한다. 상대는 틀 안에 고정된 데이터가 아니라, 언제든 예상을 벗어날 수 있는 존재이기 때문이다. 올바른 응답은 순서를 바꾸는 데서 시작된다. 내 판단보다 상대의 설명이 먼저 들어설 자리를 남겨두는 것, 나의 논리를 증명하기보다 타인의 논리가 펼쳐질 공간을 비워두는 것이다. 구조적 윤리는 여기서 시작된다.

그러나 이 윤리는 다짐만으로 유지되지 않는다. '존중해야지'라는 결심은 정보가 주는 불안 앞에서 쉽게 흔들린다. 그래서 필요한 것은 의지보다 먼저 작동하는 장치다. 재검토 시점을 미리 적어 두는 문장, 판단의 불완전함을 인정하는 잠정의 봉인이 있어야 한다. 이 장치들은 내 판단이 최종 결론이 아니라는 사실을 먼저 선언한다. 그 선언이 타인의 해석이 들어올 자리를 만들고, 선의에 기대는 일회성 윤리 대신 반복 가능한 구조적 윤리를 가능하게 한다.

　타인 앞에서 이 공간을 설계하는 일은 기술을 넘어 윤리가 된다. 대화의 첫 단추를 결정하는 것은 말솜씨가 아니다. 나의 편향이 상대를 덮치지 않도록 멈춰 세우는 내면의 브레이크, 그것이 공평함이다.

장면

한 팀장이 있었다. 그는 매일 밤 10시까지 사무실에 남아 야근하는 팀원을 "가장 열정적인 인재"라며 공개적으로 칭찬하고, 고과에서 최고 등급을 주었다. 반면 정시 퇴근하는 팀원은 "열의가 부족하다"고 평가했다.

하지만 데이터를 열어보자 진실은 정반대였다. 야근하던 팀원은 업무 숙련도가 낮아 일과 시간 내에 일을 끝내지 못해 남았던 것이었고, 정시 퇴근한 팀원은 업무를 효율적으로 이미 완수해 놓은 상태였다.

팀장의 직관은 늦게까지 남은 시간을 성실함으로 오독했고, 그 결과 실제 성과라는 공평함을 무너뜨렸다. 이 장면은 명확한 사실 하나를 증명한다.

공평함은 눈에 보이는 대로 믿는 직관의 영역이 아니다. 직관이 틀릴 수도 있음을 전제로 데이터를 다시 확인하는 검증의 영역이다.

기준 없는 믿음은 결국 성과와 무관한 보상을 발생시키고, 실제 기여자를 이탈시키는 결과를 낳는다. 공평함은 윤리 문제처럼 보이지만, 실제로는 판단을 멈추게 하는 작동 장치의 문제다.

막연한 다짐만으로는 한계가 있다. 본능적인 판단이 바로 튀어나가지 않게 기술적인 틈을 만들어야, 비로소 공평함이 설 자리가 생긴다.

1 공평함의 본질
타고난 성품이 아닌 설계된 질서

불확실한 상황에서 사람은 불안을 낮추기 위해 가장 빠르고 쉬운 정보로 대상을 단정 지으려 한다. 이것이 본능의 기본값이다. 의도적으로 개입하여 멈춰 세우지 않으면, 판단은 자신도 모르게 편향된다.

공평함은 이 본능적인 속도에 제동을 거는 인지적 유예 기술이다. 결론이 튀어나오려 할 때, 성급한 마침표 대신 확정을 늦추는 선택이다. 성격이 아니라 훈련된 근육이다.

이 유예를 실행하기 위해, 내면의 운영체제 전환이 필요하다.

2 판단의 모드
재판관처럼 판결하지 않고 기록관처럼 수집하기

공평함을 구현하는 데 효과적인 방법은 내면의 페르소나를 교체하는 것이다. 성급한 재판관[20]을 해고하고, 그 자리에 신중한 기록관[20]

을앉힌다.

이 둘은 정보를 처리하는 프로세스 자체가 다르다.

A. 재판관 모드(기본값: 속도 중심)

—

재판관은 듣자마자 판결을 내린다. 목표는 빠른 해결, 그리고 아군과 적군의 식별이다.

- **입력**: "저 동료의 말투가 퉁명스럽다."
- **처리**: 퉁명스럽다 → 나를 무시한다 → 무례한 사람이다(의미 부여)
- **출력**: '유죄.'(방어기제 작동, 마음의 문을 닫음)

재판관이 지배하는 내면에서 대화는 전투가 된다. 내가 맞고 네가 틀렸음을 증명해야 하기 때문이다. 편향은 바로 이 속도전에서 발생한다.

B. 기록관 모드(설계값: 사실 중심)

—

반면 기록관은 판결하지 않는다. 그는 관찰하고 적는다. 목표는 정확한 데이터 수집이다.

- **입력**: "저 동료의 말투가 퉁명스럽다."
- **처리**: 퉁명스럽다는 나의 느낌이다. 팩트는 무엇인가? 평소보다 목소리 톤이 낮고, 단답형으로 대답했다. (사실 추출)
- **출력**: '기록.'(판단 보류, 맥락 질문)
- **후속 조치**: "무슨 일 있어? 오늘따라 목소리가 낮네." (몰아붙임이 아니라, 데이터 검증을 위한 질문)

기록관은 결론 대신 사실을 수집하고, 그 사이에 물음표를 남긴다.

공평함은 재판관의 의사봉을 뺏어 기록관의 펜을 쥐여주는 의식적인 행위다. 노련한 설계자는 재판관의 눈으로 옳고 그름을 따지지 않는다. 감정으로 재판하지 않고 사실로 증명할 뿐이다.

느낌은 아마추어의 습관이지만, 근거는 프로의 무기다.

3 감정 번역
기분 나쁜 소음과 팩트라는 신호를 분리하는 법

기록관 모드가 켜지면, 정보를 처리하는 방식이 바뀐다. 핵심 기능은 사실과 의미의 분리다. 흔히 사실과 의미를 한 덩어리로 인식한다.

하지만 기록관은 이 둘 사이에 방화벽을 친다. 외부에서 발생한 사건(사실)과 그 사건에 붙인 해석(의미)이 뒤섞이지 않도록 통제하는 것이다.

사례 **1 | 예산 배분 회의**

- **상황**: A 팀장이 B 팀의 프로젝트 예산을 삭감하자고 주장한다. (평소 둘의 사이는 나쁘다.)
- **재판관의 번역**: A가 B를 싫어하니까 또 딴지를 거는구나. (관계라는 의미가 삭감 제안이라는 사실을 덮어버림, A의 의견을 무시함)
- **기록관의 번역**: A의 주장은 예산 삭감이며, 근거는 지난 분기 수익률 데이터다. (사실 1). 둘의 관계가 나쁜 것은 맞지만(사실 2), 이 데이터의 정확성과는 별개의 문제다.

- **행동**: 감정을 배제하고 수익률 데이터만 검증한다.

사례 2 | 답장이 없는 파트너

- **상황**: 중요한 제안 메일을 보냈는데 이틀째 답장이 없다.
- **재판관의 번역**: 내 제안이 무시당했다. (무응답이라는 사실을 거절과 무시라는 의미로 즉시 번역함. 자존심 상해서 후속 연락을 안 함)
- **기록관의 번역**: 이틀간 답신이 없다(사실). 그가 바쁜지, 메일이 누락됐는지, 고민 중인지는 알 수 없다(데이터 부족).
- **행동**: 확인 메일을 다시 보낸다. "혹시 메일이 스팸함으로 들어갔을까 봐 다시 보냅니다."

기록관은 감정을 정보로 채택하지 않는다. 싫어하는 사람이 맞는 말을 할 수도 있고, 무응답이 거절이 아닐 수도 있다는 가능성을 항상 열어둔다.

이 차가운 번역 규칙이 작동할 때, 비로소 편향이라는 노이즈가 제거되고 정확한 신호만 남는다.

4 **판단 유보**
확신 대신 '데이터 부족'이라는 꼬리표 붙이기

그럼에도 불구하고 결정을 내려야 할 때가 있다. 이때 기록관은 판단을 최종 확정이 아닌 잠정적 가설 상태로 저장한다.

이 기술은 판단 뒤에 보이지 않는 꼬리표를 붙인다.

- 저 사람은 불성실하다(×), 현재 데이터로는 불성실해 보인다 [꼬리표: 데이터 부족](O)
- 이 프로젝트는 망했다(×), 초기 지표가 예상보다 낮다 [꼬리표: 추이 관찰 필요](O)

이 꼬리표는 말장난이 아니다. 시스템에 "나중에 새로운 데이터가 추가되면 이 판단을 기각하거나 수정하라"고 명령하는 자동 업데이트 예약이다. 이 장치를 통해 확신이라는 감옥에 갇히지 않고, 언제든 새로운 진실을 받아들일 수 있는 유연성이 확보된다.

확신을 유보하고, 언제든 생각을 바꿀 수 있는 준비된 상태가 필요한 이유다.

5 오답의 의미
내 생각이 틀려도 내 존재는 틀리지 않는 이유

이 모든 절차는 타인을 위한 윤리가 아니라, 궁극적으로 자신을 보호하기 위한 기술이다.

본능(재판관)대로 판단하면, 자아와 생각은 한 몸이 된다. 이때 판단이 틀리면 자아 자체가 부정당하는 타격을 입는다. "내 생각이 틀렸다니!"라는 충격은 "나는 무능해!"라는 자괴감으로 이어지기 쉽다. 그래서 사람은 틀렸음을 인정하기보다 끝까지 우기는 쪽을 택하고, 결국 고립된다.

하지만 공평함이라는 시스템을 통해 자아와 판단을 분리하면 실패의 의미가 달라진다. 판단이 틀렸다는 사실이 틀려먹은 사람이라는 자괴감으로 이어지지 않는다.

그저 가설 1이 기각되었으니, 데이터를 보완해 가설 2를 세우자는 건조한 업무가 될 뿐이다. 덕분에 존재는 실패와 분리되어 안전하게 보존된다. 이 분리를 유지하도록 설계된 시스템이 끝까지 객관성을 요구하는 이유다.

타인을 함부로 재단하지 않는 것은 배려의 문제가 아니다. 공평함이 작동하기 위한 최소 조건이다.

물론 판단을 유예하는 기술이 작동하더라도, 모든 대화가 같은 규칙으로 처리되지는 않는다. 어떤 자리는 양보가 가능하고, 어떤 자리는 애초에 교환이 성립하지 않기 때문이다. 이 구분을 놓치는 순간, 말은 상대를 설득하지 못하고 관계를 소모시킨다.

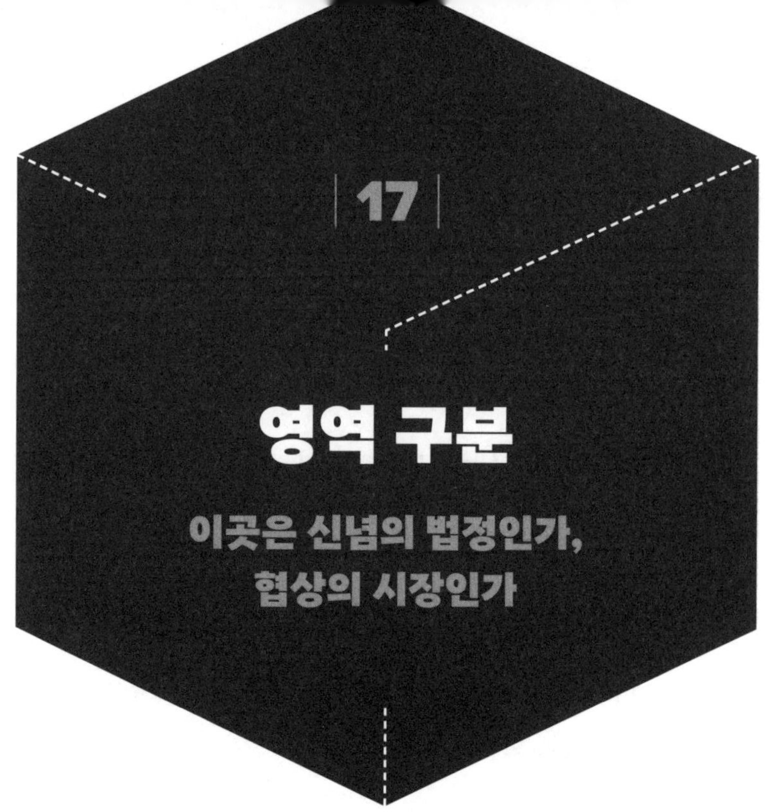

친구와 정치 문제로 얼굴을 붉히거나, 물건값을 깎다가 상인의 자존심을 건드려 쫓겨나는 일이 벌어진다. 대화 실패는 내용 때문이 아니다. 말이 놓일 자리를 잘못 잡았기 때문이다.

대화의 첫 단계는 '지금 이 자리가 무엇을 위한 자리인가'를 정하는 일이다. 이 대화가 신념의 영역(내 생각을 증명하는 곳)인지, 협상의 영역(이익을 나누는 곳)인지를 먼저 구분하는 편이 안전하다.

이 경계가 무너지면 대화는 엉뚱한 방향으로 흐른다. 정체성을 건드리는 감정싸움으로 변질되고, 챙겨야 할 실리(이익)는 뒷전으로 밀려난다.

- **신념의 자리에서 협상의 언어를 쓰면**: 원칙 없는 기회주의자가 된다.
- **협상의 자리에서 신념의 언어를 쓰면**: 말이 안 통하는 독단적인 사람이 된다.

말의 목적이 다르면 방식도 달라져야 한다. 유능한 사람은 내 말이 옳은지 따지기 전에, 말이 놓일 자리를 먼저 정렬해 주도권을 잃지 않고 관계 단절을 막는다.

1 신념의 영역
타협할 수 없는 가치를 증명하는 자리

신념의 영역은 '나는 옳다'를 증명하려는 자리다. 진실, 정의, 가치관, 종교, 정치적 견해 같은 바꿀 수 없는 원칙이 주제가 된다. 사실상 정체성이 테이블 위에 올라와 있는 셈이다. 이곳의 목적은 선포다.

나의 판단과 가치를 증명하는 데 온 힘을 쏟는다. 모르는 것을 배우려는 게 아니라, 이미 가진 결론을 관철하려는 것이다. 논리와 근거를 앞세워 상대를 반박하는 데 집중한다. 대화 자체가 이해가 아닌 승리를 위해 설계되어 있다.

이 영역에서는 나와 내 생각이 한 몸이 된다. 신념은 곧 나 자신이기 때문이다. "틀렸다"는 말은 의견 차이가 아니라, 나에 대한 공격으로 들린다.

여기서 양보는 패배이자 배신이다. 결국 대화는 힘으로 누르거나, 싸움으로 끝난다. 이 영역은 본질적으로 교환이 불가능하다.

내가 옳다는 것을 증명해 자존심을 세우는 게 목표이기 때문에, 이익을 따지거나 절차를 지키는 것은 중요하지 않다. 교환 조건이 없으니 대화는 승자독식이 된다. 여지는 타협의 재료가 아니라 불순물이 된다.

흔히 "무식한 사람이 신념을 가지면 가장 위험하다"고 말하는 이유가 여기에 있다. 맹목적인 신념은 배우고 고칠 기회를 막아버린다. 자기 뜻대로 밀어붙이는 폭주가 되기 때문이다.

근거 없는 확신은 용기가 아니다. 관계를 끊어버리는 오작동일 뿐이다.

2 협상의 영역
주고받을 수 있는 이익을 나누는 자리

협상의 영역은 '나는 원하는 것을 얻겠다'는 실리를 챙기는 자리다.

'나는 옳다'를 증명하려던 신념의 영역과는 다르다. 신념의 영역이 존재를 건 싸움이었다면, 협상의 영역은 철저히 이익을 주고받는 거래다.

돈, 시간, 납기, 품질, 조건 같은 조정 가능한 숫자들이 주제가 된다. 이곳의 목적은 합의다. 정체성을 지키는 게 아니라, 서로 무엇을 원하고 무엇을 줄 수 있는지 확인해서 계약을 맺는 데 집중한다.

신념의 장이 승패로 끝난다면, 협상의 장은 악수로 끝난다. 말하는 방식도 다르다. 상대의 요구 뒤에 숨겨진 속내를 묻는다.

"왜 이 가격이어야 합니까?"라고 따지는 대신, "이 가격이 안 되면 무엇이 가장 힘듭니까?"라고 물어 문제를 해결하려 한다.

이 자리는 '누가 옳은가'를 따지는 곳이 아니라, '무엇을 바꿀 수 있는가'를 찾는 공간이다. 말은 단가, 납기, 품질 같은 구체적인 숫자에 집중된다.

설령 협상이 깨지더라도 다시 만날 수 있게 문을 열어둔다. 협상의 큰 특징은 유연함이다. 논리가 부족해도 이익이 되면 합의한다. 신념의 영역에서는 논리가 깨지면 내가 무너지지만, 협상의 영역에서는 첫 번째 제안이 거절당하면 두 번째 제안을 내밀면 그만이다. 자존심은 다치지 않는다.

나와 결과를 분리하는 기술. 바로 이것이 협상의 핵심이다. 합의는 존중이라는 자산을 지키고, 다음을 기약하는 약속이 된다.

3 혼동의 대가
시장에서 도덕성을 따질 때 치르는 비용

문제는 신념과 협상, 이 두 영역이 뒤섞일 때 생긴다. 이때 대화는 꼬이고, 여지부터 사라진다.

● 협상 테이블에 신념의 말을 가져오는 오류

물건값을 깎아야 하는 자리, 즉 이익을 나누는 자리에서 "우리가 거래한 세월이 얼만데, 서로에 대한 예의가 아니지 않습니까?"라고 말하는 상황이다. 주제를 돈(조정 가능)에서 도덕성(조정 불가능)으로 바꿔버리는 것이다. 구체적인 이야기는 사라지고, 인격이 훌륭하니 마니 하는 감정 싸움만 남는다. 상대방은 자기 도덕성을 방어하느라 대화에서 이탈한다.

내 자존심을 지키려고 상대의 자존심을 건드리는 악수다. 문제는 해결 안 되고 감정만 상한다.

● 신념의 자리에 협상의 말을 가져오는 오류

반대로, 정의나 원칙을 이야기하는 자리에서 협상의 말을 들이미는 경우다. '규정대로 다 따지면 일 못 합니다. 융통성 있게 갑시다.' 이런 말은 상대가 다시는 나와 대화하고 싶지 않게 만든다.

말이 놓일 자리가 틀리면, 대화는 설득이 아니라 소모로 끝난다.

4 대화의 규칙
감정은 빼고 숫자로 말해야 하는 순간

유능한 사람은 대화의 미로에 빠지지 않는다. 말을 시작하기 전에 지도를 펼치고, '여기가 어디인지'를 분명히 한다. 그리고 상대

를 공격하지 않으면서 문제를 해결하는 언어를 쓴다.

핵심 원칙은 세 가지다.

A. 선언하기: 대화의 자리 정하기

—

가장 먼저 해야 할 일은 이 대화가 신념의 싸움터인지, 협상의 시장인지를 말로 확정하는 것이다.

대화 초반에 "이 자리는 조건을 조정하는 자리입니다"라고 못 박으면, 쓸데없는 자존심 싸움이 줄어든다. 감정이 아니라 조건을 확인하는 자리라는 신호를 주면, 여지는 안전하게 작동한다.

B. 바꿔 말하기: 사람을 문제로 바꾸기

—

자리를 정했다면, 말투를 바꿀 차례다. 핵심은 상대를 향하던 화살을 문제로 돌리는 것이다. 이를 위해 "너"라는 주어를 지우고, 그 자리에 "숫자나 사실"을 넣는다.

사람은 보통 상대를 비난할 때 형용사를 쓴다.

"당신은 무책임합니다", "당신은 꽉 막혀 있군요".

이건 상대를 심판하는 신념의 말이다. 이런 말을 들으면 누구라도 방어 태세를 갖추고 싸우려 든다. 유능한 사람은 이 형용사를 명사와 숫자로 바꾼다.

- '당신 참 무책임하군요.'(비난) → '현재 공정률이 목표보다 15% 부족합니다.'(팩트)
- '말이 안 통하는 분이네.'(비난) → '제시하신 금액은 예산보다 20% 높습니다.'(팩트)

주어가 당신에서 공정률과 예산으로 바뀌었다. 이렇게 하면 상대는 나에게 공격받는 게 아니라, 함께 해결해야 할 데이터와 마주하게 된다. 비난은 사라지고, "그럼 물량을 줄일까요, 납기를 늦출까요?"라는 식의 건조하고 실용적인 대화가 시작된다.

C. 침묵을 설명하기

—

이 기술은 침묵을 지킬 때도 유용하다.

회의 중 할 말이 없어서 가만히 있으면, 무능하거나 관심 없는 것처럼 보일 수 있다. 하지만 펜을 들고 적는 순간, 침묵은 경청과 분석이 된다. 내가 상황을 어떻게 정의하느냐에 따라 의미가 달라진다.

타이밍을 놓쳤거나 확신이 없을 때, 침묵은 멍하니 있는 게 아니라 신중하게 검토하는 단계라고 말해줘야 한다.

"지금 섣불리 의견을 내기보다, 말씀하신 내용들을 정리하며 놓친 부분이 없는지 확인하고 있습니다. 정리되는 대로 말씀드리겠습니다."

이 말 한마디가 침묵을 단순한 공백이 아닌 신중함으로 바꾼다. 비난보다 사실을, 단정보다 설명을 먼저 내놓을 때, 침묵조차도 신뢰의 자산이 된다.

조건과 이익을 따져야 할 자리에서 상대가 갑자기 도의나 의리를 꺼내들며 본질을 흐릴 때가 있다. 여기서 나쁜 사람이 아님을 증명하려 애쓰면 협상의 주도권을 잃는다. 일과 상관 없는 변수를 차단하고, 대화를 다시 조건과 숫자의 자리로 돌려놓아야 한다.

❶ 상황 Signal

상대가 자존심이나 도덕성을 내세워 소모적인 논쟁을 걸어올 때

❷ 판단 기준 Check

- 잘잘못을 따지는 것이 이익이 되는가? (아니요)
- 여기가 법정인가, 비즈니스 테이블인가?(비즈니스)
  → 전략: 대화의 장부를 규범에서 이익(실리)으로 강제 전환한다.

❸ 출력 문장 Output

"잠시만요. 잘잘못을 따지자는 게 아닙니다. 일을 되게 하려는 겁니다. 서로 가능한 조건만 놓고 다시 얘기하시죠."

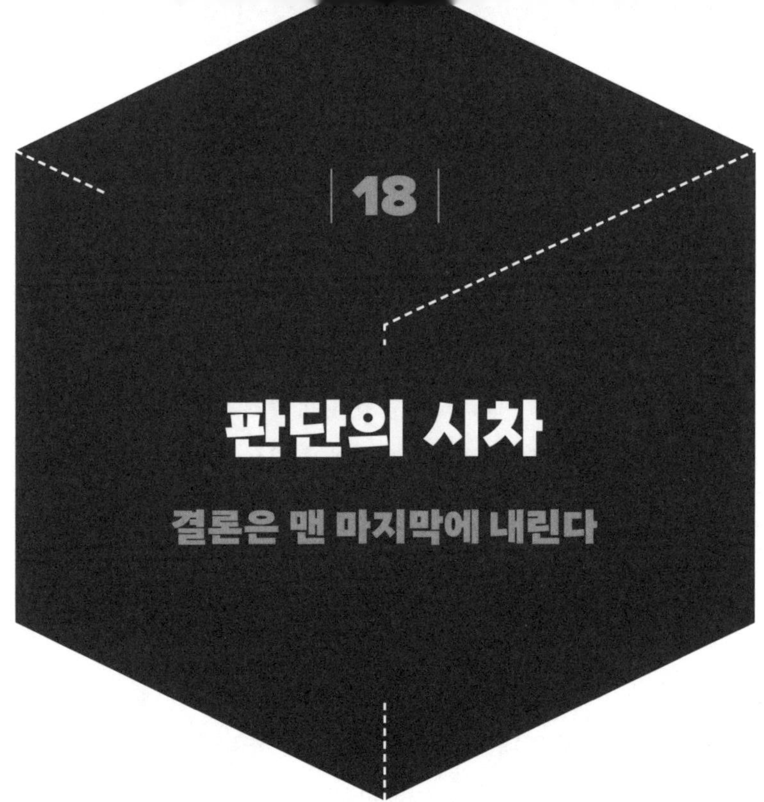

"이런 식으로는 안 됩니다." 문장이 빠를수록 상황은 정리된 것처럼 보인다. 하지만 그 속도는 문제 해결의 속도가 아니라, 정보값의 차단 속도다.

잠재력은 있으나 결과물이 흔들리던 동료와 일한 적이 있다. 잠재력을 일깨워야 한다는 책임감은, 그를 돕는다는 명분 하에 가장 빠른 길을 택했다.

"기본적인 태도가 부족합니다." (평가)

"내 말대로 이렇게 고쳐야 합니다." (가르침)

"이 프로젝트는 무립니다." (단정)

목표는 옳음의 증명이었다. 동료는 반박하지 않았고, 회의는 나의 판정승으로 끝난 듯했다. 얼마 뒤, 그는 조용히 조직을 떠났다.

그는 무능했던 게 아니라, 과중한 업무와 시스템의 구조적 모순을 말할 타이밍을 찾고 있었다. 성급하게 찍은 마침표가 그의 입이 아닌 존재 자체를 삭제해 버린 것이다.

그날 틀린 말은 없었다. 맞는 말들이 상대를 질리게 만들었다. 논리적 정합성은 챙겼을지 몰라도, 대화가 계속될 조건은 파괴되었다.

관계를 끊지 않고 데이터를 계속 흐르게 하려면, 세 가지 장벽을 걷어내야 한다. 이것들은 단순한 말버릇이 아니다. 대화를 물리적으로 차단하는 장애물이다. 불안을 잠재우기 위해 복잡한 맥락을 지워버리는, 게으른 본능일 뿐이다.

이 습관을 버리고, 그 자리에 판단의 시차를 두는 구체적인 문장 공식을 확인한다.

1 단정의 해체
닫힌 결론에 여지를 남기는 기술

단정은 복잡한 미래를 하나의 점으로 찍어버리는 행위다. 공학적으로 보면 외부 입력을 차단하는 스위치다.

"안 된다"고 선언하는 순간, 상대방은 대안을 제시할 의지를 잃는다. 마침표를 조건문^{If}으로 바꾼다. 닫힌 결론을 열린 가설로 전환한다.

- (차단) **예언자 모드** "이 프로젝트는 실패할 겁니다." → 근거가 생략된 예언이다. 듣는 사람은 무기력해지거나 반발심을 갖는다.

- (접속) **분석가 모드** "현재의 자금 흐름과 일정으로는 3개월 뒤 중단될 위험이 높습니다." → 실패라는 결론 대신 자금과 일정이라는 조건을 보여준다. 조건이 해결되면 결과가 바뀔 수 있다는 여지를 둔다.

미래를 확정하지 않는다. 단정의 유효기간을 현재로 한정하면 팩트가 된다. 시점을 미래에서 현재로 옮기는 기술이다.

평가의 해체
비난 대신 빈도를 말할 때

평가는 시스템의 오류를 운영자의 인격 문제로 치환하는 버그다.

일이 잘못되었을 때 "계산 착오가 있다" 대신 "부주의한 사람이다"라고 말하면, 대화는 개선이 아니라 인격 모독이 된다.

상대는 문제를 해결하는 대신, 자기가 무능하지 않음을 증명하기 위해 방어 기제를 작동시킨다.

- (차단) **재판관 모드** "김 대리는 책임감이 부족합니다. 왜 항상 늦습니까?" → 상대를 무책임한 사람으로 낙인찍는다. 항상이라는 절대어는 상대의 억울함을 유발한다.

- (접속) **기록관 모드** "이번 달에만 마감이 세 번째 지켜지지 않았습니다. 반복되면 전체 일정에 차질이 생깁니다." → 사람(김 대리)이 아니라 사실(세 번째 지연)만 건조하게 지적한다. 인격이 배제되었기에 상대는 현상을 직시하고, 다음 대책을 논의할 수 있다.

사람을 주어로 쓰면 비난이 된다. 주어를 행동이나 결과로 교

체한다. 대상을 사람에서 사건으로 분리하는 순간, 비난은 분석이
된다.

3 가르침의 해체
지시 대신 선택지를 줄 때

가르침은 상대의 맥락을 무시하고 정답을 주입하려는 통제 욕
구다.

"내가 해봐서 아는데"로 시작하는 조언은 조언이 아니라 데이
터 덮어쓰기에 가깝다. 과정은 삭제되고 결과만 강요받은 상대는,
성공해도 성취감을 느끼지 못하고 실패하면 지시자를 원망한다.

- (차단) **지시자 모드** "이건 무조건 A안으로 가야 합니다. 제 말대
  로 하십시오." → 상대를 생각 없는 도구로 전락시킨다. 모든 책
  임은 지시자가 떠안게 된다.

- (접속) **설계자 모드** "효율을 보면 A안이 좋고, 안정을 보면 B안
  이 좋습니다. 지금 우리에게 더 중요한 기준은 무엇입니까?"
  → 판단의 권한을 상대에게 넘긴다. 정보는 제공하되, 결정은

그가 내린다. 스스로 선택했기에 결과에 책임을 지고 주도적으로 움직인다.

이것은 방관이 아니라 자율성의 설계다. 자신이 찍어야 할 마침표를 상대에게 넘긴다. 문장의 끝을 열어두는 것만으로도 주도권은 이양된다. 마침표를 물음표로 바꾸는 권한의 이동이다.

4 실언의 수습
뱉어버린 말을 정정하는 법

습관적인 방어 기제는 이성보다 빠르다. 순간적으로 "이건 안 됩니다"라는 단정이 튀어나올 때가 있다. 이때 말끝을 흐리거나 변명으로 덮지 않는다.

시스템 오류가 발생했을 때는 재부팅을 선언하는 편이 가장 깔끔하다.

"방금 제 말은 취소하겠습니다. 결론을 내린 게 아니라 우려되는 점을 말하려던 것입니다. 다시 정리하겠습니다."

자신의 오류를 즉시 인정하고, 문장을 다시 정의한다. 이 건조한 정정 태도가 오히려 신뢰도를 높인다.

실수는 발생한다. 인정의 속도가 수습의 속도를 결정한다.

5 판단의 유보
판단을 유예하고 시간을 예약하는 것

단정, 평가, 가르침을 멈춘 자리는 비워두면 안 된다. 그 빈 공간에는 질문과 시간이 채워져야 한다. 내 판단과 상대의 의견이 충돌할 때, 공격하지 말고 경계석을 세운다.

"우리는 같은 사실을 보고 있지만, 판단의 기준이 다르군요."

이것은 동의가 아니라 확인이다. 확인이 끝났다면, 그 자리에서 결론을 내는 대신 판단을 유예한다.

"이 의견이 사실이라고 가정할 때, 우리가 다음으로 확인해야 할 사항은 무엇입니까? 내일 오후 2시에 다시 논의합시다."

멈춤이 곧 완성은 아니다. 판단을 유예한 자리에, 언제 다시 판단할 것인지에 대한 약속이 남지 않으면 관계는 표류한다.

닫지 않는 것과, 다시 열 수 있게 설계하는 것은 전혀 다른 문제다. 결론은 맨 마지막에, 모든 패가 테이블 위에 올라온 뒤에 내려도 늦지 않는다.

> 상대가 공격적인 말을 쏟아낼 때, 똑같이 감정으로 맞받아치면 싸움만 커진다. 억울함에 이끌려 같이 흥분하는 것은 불필요한 에너지 소모다. 대화를 멈추고, 상황이 진정될 때까지 물리적인 시간을 벌어야 한다.

실전 문장 설계도 ▶ **분별** | **평가의 중지**

❶ 상황 Signal

상대의 공격적인 언행에 휩쓸려 감정적으로 대응하려 할 때

❷ 판단 기준 Check

- 지금 이 대화가 문제 해결에 도움이 되는가? (아니요)
- 상대의 비난을 나의 내면으로 받아들여야 하는가? (아니요) → 전략: 비난을 상황으로 쳐내는 방어벽을 세우고, 강제로 시간을 분리한다.

❸ 출력 문장 Output

"상황이 답답하신 건 알겠습니다. 다만 지금은 감정이 좀 격해지신 것 같으니, 상황 정리가 안 될 것 같습니다. 1시간 뒤에 다시 논의하시죠."

열린 결론은 화해나 사과가 아니다. 대화가 끊겼을 때 재접속을 위해 규칙을 박아두는 사후 계약[21]이다.

패배의 기준은 논리가 꺾이는 것이 아니라, 접속이 끊기는 것이다. 관계가 손상되어 다음 대화로 넘어갈 수 없는 상태가 유일한 실패다. 원하는 결론을 얻었더라도 상대가 다시 말할 의지를 잃었다면 성과는 없다.

열린 결론[22]은 판단을 닫지 않기 위해, 다시 열 시점과 기준을 명시하는 절차다. 관계의 회복을 감정에 맡기지 않고, 언제 어떤 신호가 오면 다시 시작할지를 구조로 고정한다.

이 조건 하에서 대화는 일회성 경쟁이 아니라 반복 가능한 협력이 된다.

1 재진입 조건
다시 만날 구실을 남겨두는 법

협상이 결렬되었을 때, 구조 없는 대화는 "다음에 잘해봅시다"라는 인사를 남긴다. 구조 있는 대화는 트리거(조건이 충족되면 재진입하는 방아쇠)를 심는다. 트리거는 대화를 다시 가동시키는 예약 스위치다.

이 스위치를 만들기 위해, 시스템은 다음 4가지 요소가 포함된 문장을 설계한다. 대화의 끝이 아니라, 다음 시작점을 예약하는 행위다.

| 사후 계약의 4대 요소 |

- **조건**: 어떤 상황이 발생하면 재개할 것인가?

- **시기**: 언제 다시 점검할 것인가?

- **데이터**: 무엇을 근거로 판단할 것인가?

- **대안**: 그때는 무엇을 할 것인가?

사례 **의견 충돌 시의 사후 계약**

새로운 마케팅 채널 도입을 두고 팀장(반대)과 팀원(찬성)이 충돌했다.

- **구조가 없는 경우**(관계 단절): "팀장님은 제 말을 전혀 안 들으시네요. 나중에 후회하실 겁니다." (비난과 저주) → 결과: 접속 불가. 상대는 방어벽을 치고, 제안자는 무력해진다.

- **구조가 있는 경우**(재진입 트리거): "그럼, 현시점에서는 보류하겠습니다. 다만, 경쟁사 트래픽이 10% 이상 오르면(조건), 다음 달 회의 때(시기) 최신 지표(데이터)를 가지고 원점에서 재논의(대안)하게 해주십시오."

이 문장에는 감정이 없다. 명확한 재진입 조건만 있다. 이렇게 트리거가 심어지면, 거절은 패배가 아니라 조건부 대기 상태가 된다.

상대도 이를 무시할 수 없다. 고집을 피우는 게 아니라, 합의된 조건을 기다리는 것이기 때문이다.

조건이 충족되는 순간, 대화는 감정 소모 없이 절차에 따라 자동으로 재개된다.

2 거절의 품격
당신이 싫은 게 아니라 상황이 안 맞을 뿐

이 사후 계약 구조는 거절해야 하는 입장에서도 유효하다. 거절은 비용이 든다. 상대의 존재를 부정하는 것처럼 보일 수 있기 때문이다.

이때 필요한 기술이 구조적 거절이다. 인격을 거절하는 것이 아니라, 현재의 조건과 맞지 않음을 설명하는 것이다.

거절의 대상을 내부(인격)에서 외부(조건)로 이동시키는 기술이다.

- **인격적 거절**: "이 기획안은 별로네요. 감각이 좀 부족한 것 같습

니다.” (사람의 능력을 평가함. 상대는 절망한다.)

- **구조적 거절**: “제안은 흥미롭습니다. 다만 현재 우리 브랜드의 타깃 연령과 예산 범위를 고려할 때, 지금 적용하기에는 리스크가 큽니다.” (조건과의 불일치를 설명함. 상대는 수정할 희망을 갖는다.)

거절의 근거를 취향이 아닌 기준으로 옮기면 모독은 사라진다.

‘당신이 틀렸다’가 아니라, ‘조건이 충족되지 않았다’는 사실만 남기 때문이다.

<h1>3 입증의 책임
무시하는 게 아니라 증거를 기다리는 것</h1>

결론을 열어두는 건 방치가 아니라 관리다. “안 된다”고 자르는 건 쉽다. 하지만 “조건부로 보류한다”고 말하는 건 상대에게 검증 과제를 부여하는 적극적인 행위다.

닫힌 결론에서 상대는 ‘무능하다’는 판정을 받고 떠난다. 열린 결론이 방치로 변하는 순간은 하나다. 재진입 조건이 문장으로 남지 않았을 때다.

- **닫힌 상태**: 실패, 좌절, 이탈(에너지 소멸)
- **열린 상태**: 유보, 데이터 수집, 재진입(에너지 전환)

이 과정에서 상대는 감정을 소모하는 대신 증거를 수집하는 데 집중하게 된다. 갈등 에너지가 검증 에너지로 전환되는 것이다.

또한 이 구조는 결정권자에게 명예로운 퇴로를 설계해 준다. 리더가 입장을 바꿀 때 필요한 건 타당한 명분이다. 미리 조건을 걸어두면, 훗날의 결정 변경은 말 바꾸기가 아니라 조건부 약속의 이행이 된다.

'당신 말이 맞았다'고 굴복하는 게 아니라, '약속한 데이터가 왔으니 규정대로 승인한다'는 관리자의 권위를 지킬 수 있다.

4 지속 가능성
착한 마음이 바닥나도 관계는 깨지지 않게

열린 결론 역시 관계의 지속 가능성을 위한 기술이다. 사람의 선의는 고갈된다. 상황이 악화되고 피로가 쌓이면, 아무리 좋은 사람도 짜증을 내고 문을 닫아버린다.

이제 윤리는 사람의 의지나 태도에 머물러서는 안 된다. 기분이 태도가 되지 않게 만드는 시스템으로 확장되어야 한다.

- **승리**: 관계의 유지(안 깨지는 것).
- **존중**: 퇴로의 확보(도망갈 구멍).
- **책임**: 시스템 수정(사람 말고 규칙).

이 규칙들이 사후 계약으로 현장에 적용될 때, 사람은 감정의 롤러코스터에서 내려와 안전한 평지에 서게 된다.

선의가 고갈된 순간에도 삶과 비즈니스는 무너지지 않는다. 구조가 버티고 있는 한, 관계는 안전하다. 재진입 조건을 한 줄로 명시하면, 대화는 종료되지 않고 트리거로 남는다.

서로의 조건이 맞지 않아 합의에 이르지 못했을 때, 그냥 돌아서면 관계는 끊어진다. 인연은 저절로 다시 이어지지 않는다. 단순한 거절 대신, 나중에 상황이 변했을 때 다시 대화를 시작할 수 있는 조건을 남겨두고 일어서야 한다.

실전 문장 설계도 ▶ 트리거 │ 재진입 조건의 설계

❶ 상황 Signal

조건이 맞지 않아 협상이 결렬될 위기일 때

❷ 판단 기준 Check

- 상대가 나를 싫어해서 거절했는가, 조건(돈/시기)이 안 맞아서인가?(조건)
- 나중에 상황이 변하면 다시 시도할 가치가 있는가? (예) → 전략: 거절을 보류로 재정의하고, 대화가 다시 시작될 자동 조건(트리거)을 심어둔다.

❸ 출력 문장 Output

"상황은 이해했습니다. 그럼 이번은 보류로 알고, 다음 분기에 예산이 풀리면 그때 다시 제안 드리겠습니다."

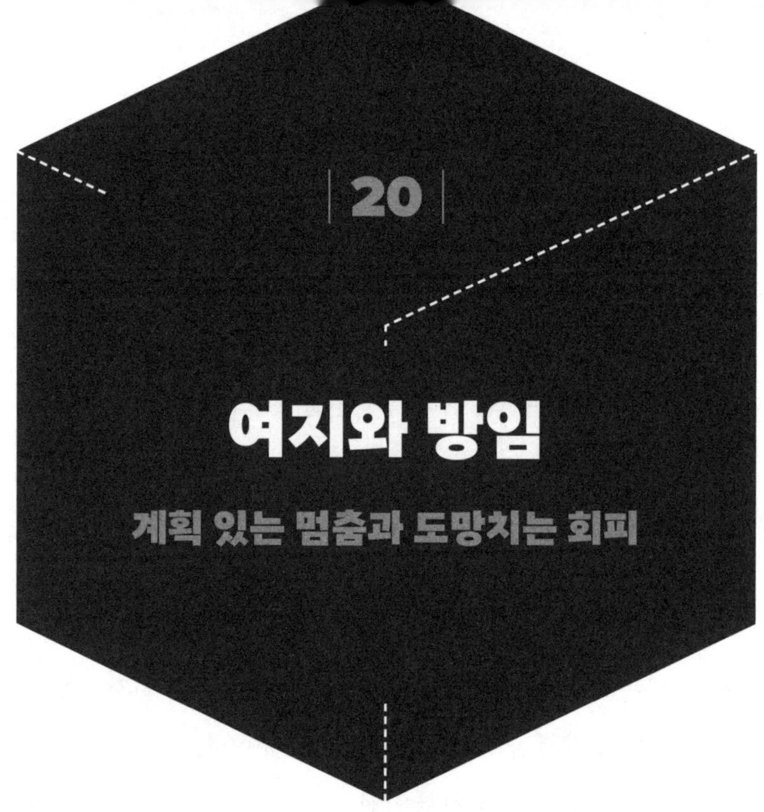

다이어리를 펼쳐 본다. '나중에 결정하기'라고 적혀 있으면 표류다. '금요일 오후 2시, 3주간 판매 데이터 확인 후 결정'이라고 적혀 있으면 유예다.

앞의 기록에는 마감도 근거도 없다. 뒤의 기록에는 다시 판단할 시점과 확인할 재료가 남아 있다.

둘 다 멈춤처럼 보이지만, 하나는 비워두는 쪽으로 기울고, 다른 하나는 다시 들어가기 위해 잠시 접어두는 쪽으로 움직인다.

1 멈춤의 차이
숨 고르기인가, 숨어 버리기인가

여지는 더 나은 판단을 위해 특정한 결정을 잠시 미루고, 그 사이에 필요한 데이터와 여건을 확보하는 주체적 유예다. 멈춤처럼 보여도 정지가 아니라, 언제 다시 판단할지와 무엇을 확인할지까지 포함한 일시 정지다.

반면 방임은 다르다. 판단을 잠시 묶어 두는 것이 아니라, 결정해야 한다는 사실 자체를 흐린다. 구조도 없고 돌아올 시점도 없다. 단정하지 않음 뒤에 숨어 결정을 계속 늦출 뿐이다.

여지가 과감한 결정을 위한 안전 장치라면, 방임은 실패가 두려워 시작조차 늦추는 의도된 표류다.

2 신중함의 가면
신중한 척하며 결정을 미루는 비겁함

이 표류를 정당화하는 무기가 모름의 규율 오용이다. 모름의 규율은 "모르겠다"에서 멈추는 무책임이 아니다. 무지를 지식으로 가장하지 않기 위해, 그 공백을 채울 검증 절차를 설계하는 책임이다.

모름은 종결이 아니라 검증의 출발 신호여야 한다. 방임하는 사람은 이 원칙을 지적 태만을 가리는 방패로 삼는다.

단정과 평가를 미루는 자신을 보며 '신중하다'고 자위한다. 하지만 실상은 검증의 수고를 피하고 있을 뿐이다.

건강한 모름이 겸손이라면, 이 함정에 빠진 회피는 무지를 숨기려는 오만이다.

시스템을 멈춰 세우면서까지 나를 보호하려 드는 이 상태는, 검증 비용을 회피하려는 오작동에 가깝다.

3 완벽주의 함정
준비가 덜 됐다는 말은 가장 좋은 핑계다

자신이 방임의 함정에 빠졌는지 스스로 진단하기는 어렵다. 겉보기에 멈춰 있지 않고 바빠 보이기 때문이다. 이 착시를 걷어내는 두 가지 징후가 있다.

첫째, 완벽주의라는 이름의 도피다. 방임하는 자는 완벽한 때를 기다린다.

"아직 준비가 덜 됐다", "더 확실한 정보가 필요하다".

이 말들은 신중해 보이지만, 실상은 공포다. 그들은 60% 확신으로 실험을 시작하는 대신, 100% 확신이 배달될 때까지 기다리는 망상을 택한다.

완벽한 정보가 모이는 순간은 오지 않는다. 그때가 되면 기회의 창은 닫혀 있다.

둘째, 가짜 분주함이다. 결단을 유예한다는 핑계로 결정과 무관한 일만 늘어난다. 자료를 더 모으고, 회의를 잡고, 문서를 다듬는다.

생산성이 아니라 불안 해소다. 기어를 중립(N)에 놓고 액셀을 밟는 것처럼 엔진만 과열되고, 방향은 한 발도 나아가지 않는다. 이런 분주함은 여지가 아니라, 구조가 빠진 방임이다.

4 선택의 퇴화
미룰수록 결정하는 힘은 사라진다

설계된 유예는 텅 빈 공백이 아니다. 지금 하지 않을 것을 정하고, 언제 다시 판단할지를 예약해 둔 꽉 찬 대기 상태다. 방임의 함정은 이 예약된 구조를 지워버리고, 여지를 막연한 공백으로 착각하는 데서 시작된다.

판단을 미루는 동안에도 설계와 기준은 살아 있어야 하지만, 이 단계에서는 모든 장치가 제거된다. 남는 것은 선택을 회피하는 시간뿐이다.

이 공백은 안전해 보인다. 아무것도 고르지 않으면 실패도 없기 때문이다. 사람은 이 상태를 자유라고 오해하지만, 그 감각은 책임을 유예하는 착시다.

정해진 경로의 압력은 고통스럽지만, 저항이 존재한다. 저항은 현재 위치를 인식하게 하고, 방향을 수정하게 만든다. 반면 아무것도 선택하지 않는 공백에는 저항이 없다. 기준이 없으니 교정도 일어나지 않는다. 방향을 잃은 채 멈춰 있는 상태가 지속된다.

이 상태가 지속되면 변화는 시작된다. 선택을 미루는 동안, 선택을 가능하게 하던 감각 자체가 약화된다. 무엇을 감당할 수 있는지 판단력이 흐려진다. 결정을 피했을 뿐인데, 결정할 수 있는 힘이 먼저 소진된다.

방임은 비용 없는 선택처럼 보이지만, 실제로는 가장 비싼 선택이다. 실패를 피하는 대가로 기회비용 전체를 지불하게 된다. 시간을 아낀 것이 아니라 방향 감각을 잃은 것이다.

다음 판단을 지탱하는 힘은, 의도적으로 확보해 둔 이 정교한 여백에서 나온다. 기준과 재검토 시점이 함께 설계될 때만, 유예는 방임이 아니라 전략이 된다. 구조 없는 멈춤은 자유가 아니다. 판단을 포기한 상태다.

5 시간의 닻
마감 날짜가 있어야 표류하지 않는다

망망대해에서 방임을 멈추는 유일한 방법은 바다 위에 닻을 내리는 것이다. 닻의 이름은 마감 기한과 판단의 조건이다.

“이 조건이 충족되면 간다. 충족되지 않으면 멈춘다. 금요일까지 결론이 안 나면, 현재의 최선책으로 시작한다.”

이 명확한 조건부 문장이 닻이 되어 표류에서 건져낸다. 여지란 결정을 피하는 상태를 넘어서, 유예하는 동안에도 방향을 잃지 않게 붙들어주는 장치다. 이 닻은 업무 범위를 설정할 때도 유효하다.

능력 밖의 일을 마주했을 때, 닻 없이 표류하면 무능해 보이지만, 범위를 한정하여 닻을 내리면 품질 보증이 된다. ‘못한다’고 고백하는 것이 아니라, 책임질 수 있는 영역을 역으로 제안하는 것이다.

“전체 총괄은 제 역량 밖이라 지금 단계에서 장담하기 어렵습니다. 하지만 파트 A만큼은 제가 맡아 기준에 맞춰 끝낼 수 있습니다. 범위를 그렇게 나눠서 진행해도 되겠습니까?”

이 문장을 통해 불가능한 전체는 거절되고, 가능한 부분은 선명하게 부각된다. 도망이 아니라, 품질을 지키기 위한 전략적 범위 설정이다. 기준은 명확하다. 마감 시점이 없는 유예는 방임이고, 검증 절차가 빠진 모름은 태만이며, 책임 범위가 없는 수락은 무모함일 뿐이다.

불안을 달래는 건 마음이지만, 그 마음을 끝까지 지키는 건 시스템이어야 한다. 다음 결정을 온전히 감당할 힘은, 미리 확보된 이 충분한 완충 구간에서 나온다. 이 구간에 ‘언제, 어디까지, 어떻게 다시 판단할 것인가’라는 핀이 꽂힐 때, 여지는 비로소 삶을 확장하는 도구가 된다.

그리고 이렇게 확보된 안전한 여지는, 타인을 받아들일 자리가 된다. 내가 구조 안에서 안전해야 비로소 타인의 실수에도 관대해질 수 있기 때문이다.

이 구조는 무너진 나를 다시 일으켜 세우고 타인과 공존하는 회복의 시스템으로 확장된다.

> 감당하기 벅찬 부탁 앞에서 입이 떨어지지 않을 때가 있다. 거절하면 미안해질 것 같은 부채감 때문이다. 하지만 무리하게 떠안고 결과물을 망치는 것이야말로 진짜 민폐다. 애매한 미안함을 덮고, 내 이름이 걸린 작업의 품질을 사수하기 위해 단호하게 선을 그어야 한다.

❶ 상황 Signal

무리한 부탁 앞에서 죄책감을 느끼거나, 단호하게 멈춰야 할 때

❷ 판단 기준 Check

• 현재 내 일정과 역량으로 품질을 보장할 수 있는가? (아니요)

• 억지로 수락했을 때 발생할 결과(신뢰 하락)를 감당할 수 있는가? (아니요) → 전략: 거절의 이유를 싫음이 아닌 품질 보증을 위한 선택으로 격상시킨다.

❸ 출력 문장 Output

"제안해 주셔서 감사합니다. 다만 현재 제 일정으로는 기대하시는 완성도를 맞추기 어렵습니다. 억지로 맡아서 민폐를 끼치는 것보다, 다음 기회에 제대로 하는 게 맞다고 봅니다."

4
태도

"상대의 마음을
얻으려 하지 말고,
상대를 불안하게
하지 마라."

5

완성:
무너지지 않는 시스템의 조립

무너진 계획을 다시 세울 때, 마음을 다잡는 것으론 부족하다. 구조가 바뀌지 않으면, 사람은 같은 지점에서 정확히 다시 미끄러진다.

사람은 시작에 능숙하다. 새해의 결심, 프로젝트의 긴장감, 낯선 호의. 시작의 순간 세상은 가능성으로 차 있고, 사람들은 그 설렘을 열정이라 부른다. 시작하는 능력과 지속하는 능력은 사용하는 근육이 다르다.

시작이 폭발력이라면, 지속은 지구력과 복원력이다.

많은 사람은 시작의 기세를 성취로 착각한다. 그러나 지속은 초반의 속도로 증명되지 않는다. 흔들린 뒤 얼마나 빨리 복구하고, 어긋난 뒤 얼마나 정확히 조정하는지가 끝을 가른다. 작은 균열이 쌓이는 구간에 시스템이 없으면, 성과도 관계도 결국 같은 지점에서 무너진다.

붕괴의 원인은 삶을 지탱할 구조 대신, 변덕스러운 기분에 의지했기 때문이다.

화려한 언어로 실패를 변호해도, 세상은 결국 복구 속도라는 결괏값으로만 실력을 계산한다.

여기서 주목하는 핵심 지표는 평균 복구 시간MTTR[23]이다. 무너지지 않는다는 건 한 번도 넘어지지 않는다는 뜻이 아니다. 어떤 충격에도 다시 튕겨 올라올 탄성을 구조적으로 확보했다는 뜻이다.

진정한 실력은 컨디션이 최악인 날에도, 마음이 지옥 같은 날에도 평균 이상의 결과를 지켜낸다. 그것을 가능하게 하는 것이 바로 시스템이다.

좋은 부품을 모았다고 저절로 기계가 되는 건 아니다. 제아무리 탁월한 도구라도 서로 맞물리지 않으면 그저 무거운 짐일 뿐이다.

진정한 완성은 이 흩어진 도구들이 톱니바퀴처럼 빈틈없이 맞물려, 운전자가 잠시 핸들에서 손을 놓아도 궤도를 이탈하지 않고 굴러갈 때 비로소 이루어진다.

궁극적으로 확보해야 할 것은 어둠 속에서도 제자리를 지키는 등대 같은 지속성이다. 여지를 확보하고 밀도를 높여온 이유도 결국 이 시스템을 완성하기 위함이다. 무너지지 않는 질서를 향한 마지막 조립을 시작한다.

"회복은 위로가 필요한 감정이 아니라, 측정 가능한 속도다."

시스템 설계에는 두 가지 차원의 강함이 존재한다.

하나는 실패 비용을 미리 제한하는 설계인 복원성이고, 다른 하나는 실패 직후 복구 시간MTTR을 단축하는 운용 기술인 회복탄성[24]이다.

이 둘은 구분되는 영역이다. 전자가 넘어질 수밖에 없는 지형을 가정해 안전장치를 심는 건축의 영역이라면, 후자는 넘어진 상태에

서 시스템을 얼마나 신속하게 다시 가동할 것인가를 결정하는 통제
의 영역이다. 회복탄성은 충격을 막아내는 힘이 아니라, 복구 시간
을 최단 거리로 단축하는 반응 속도다.

1 회복의 속도
한 번도 안 넘어지는 게 아니라 빨리 일어나는 것

엔지니어링에는 MTTR(평균 복구 시간)이라는 핵심 지표가 존재
한다. 시스템이 장애 상태에 빠진 시점부터 수리를 마치고 다시 정
상 가동될 때까지 걸리는 물리적 시간이다.

견고한 시스템과 취약한 시스템의 차이는 장애 발생 여부가 아
니라, MTTR을 0에 수렴하게 만드는 관리 능력에서 판가름 난다.
고장은 피할 수 없는 현실이지만, 복구 시간은 통제할 수 있는 영역
이기 때문이다.

인간의 시스템에서 MTTR을 늘리는 주범은 실패 자체가 아니
다. 사고 직후 필연적으로 뒤따르는 감정의 지연이다.

사건이 발생하면 사람은 본능적으로 자책, 분노, 수치심이라는
고용량 데이터를 로딩한다. 감정을 느끼는 것 자체가 문제는 아니

지만, 이 무거운 데이터가 중앙처리장치를 오래 점유하는 동안 정작 필요한 문제 해결 프로세스는 대기 상태에 머문다. 끝없는 자책은 아무런 산출물을 내지 못하면서 리소스만 잡아먹는 악성 프로세스로 변질된다.

"나는 왜 이 모양일까", "이제 다 끝났어"라는 생각에 잠겨 있는 시간 동안, 현실의 문제는 해결되지 않고 비용만 누적된다.

회복탄성 운용의 대원칙은 감정을 무조건 지워버리는 것이 아니라, 감정이 시스템을 멈춰 세우는 대기 구간을 구조적으로 단축하는 것이다. 사건이 발생하면 시스템은 반성 모드가 아닌 복구 모드로 먼저 전환되어야 하며, 이 전환 속도가 곧 기초 체력이 된다. 망가진 잔해 앞에서의 통곡과 반성은, 일단 시스템을 다시 돌려놓은 뒤에 해도 늦지 않다.

2 충격 분산
위기를 온몸으로 다 받아내지 않는 요령

유도나 레슬링에서 배우는 낙법의 원리는 충격의 회피가 아니라 분산이다. 지면과 닿는 면적을 넓혀 운동 에너지를 신체 전반으로 흘어버리는 물리적 기술이다.

삶의 위기 상황에서도 동일한 메커니즘이 작동한다. 준비되지 않은 자아는 충격을 받으면 경직된다. 사고 회로가 정지하고, 시야가 좁아지며, 모든 충격을 자아의 가장 취약한 지점으로 받아낸다. 시스템에 균열을 남긴다.

반면, 회복탄성이 탑재된 시스템은 충격이 감지되는 즉시 판단을 멈추고, 그 충격을 자아의 가장 취약한 한 지점에 몰아 받지 않도록 분산 절차를 가동한다. 시간과 거리와 기록과 절차로 부담을 나누어, 처리 가능한 단위로 다시 쪼개는 것이다.

실패 직후의 신체는 비상사태를 선포하며 교감신경을 과도하게 활성화한다. 이 상태의 모든 판단은 오류 확률이 높다.

따라서 회복탄성 시스템은 의지로 상황을 돌파하려 하지 않고, 물리적 환경을 전환하여 시스템의 과부하를 식히는 과정을 우선시한다.

이때의 이탈은 방임이 아니라, 오작동 구간을 분리하는 냉각 절차다.

3 감정 필터링
'망했다'는 기분과 '틀렸다'는 사실 구분하기

시스템이 물리적 안정을 되찾았다면, 다음 단계는 입력된 데이터의 오염 여부를 점검하는 상태 검증이다.

위기 상황에서 감정은 사실 데이터를 왜곡한다. 작은 실수를 인생의 종말로 확대 해석하거나, 타인의 건조한 피드백을 적대적인 공격으로 변조하는 착시가 발생한다.

이때 회복탄성 시스템은 데이터의 신뢰성을 검토한다. 현재 신체 상태와 감정 온도가 정상 범위 내에 있는지를 확인하고, 만약 조건들이 충족되지 않았다면 시스템은 현재 상태를 판단 유보로 설정한다.

이는 자신의 판단력을 불신하는 것이 아니라, 검증되지 않은 데이터가 의사결정 프로세스에 진입하는 것을 막아주는 방화벽 역할을 한다.

이 안전장치 안에서 "나는 실패했다"는 식의 과도한 의미 부여는 걸러진다. 대신 "결과값이 예상 범위를 벗어났다"는 건조한 사실만이 입력된다.

의미를 제거하고 데이터만을 남기는 이 과정이 수행될 때, 비로

소 자아는 사건과 분리되어 복구를 수행하는 엔지니어의 위치로 복
귀한다.

4 반사 신경
생각보다 행동이 앞서야 할 때

복구 실행 단계에서 경계해야 할 것은 고민이다. 위기 상황에서
"이제 어떡하지?"를 생각하는 것은 에너지를 소모하고 골든타임을
갉아먹기 때문이다.

회복탄성이 뛰어난 시스템은 사고 과정을 생략하고, 입력된 행
동 수칙을 기계적으로 수행한다. 이것은 물리적 방어벽과는 다르
다. 충격 직후에 뇌를 거치지 않고 몸이 즉각 반응하도록, 반사신경
으로 전환하는 것이다.

작동 원리는 단순하다. 특정 조건이 트리거(발동)되면, 감정 동
요 없이 지정된 행동값을 출력하는 것이다.

예컨대 거절이라는 신호가 입력되면, 자존감을 검토하는 프로세
스를 생략하고 즉시 "그럼 가능한 대안은 무엇입니까?"라고 질문
을 출력한다.

치명적 오류가 감지되면, 두려움이나 변명이라는 노이즈를 섞지 않고 사실 데이터만을 상위 결정권자에게 전송하는 경로를 따른다. 이 조건부 수칙이 혼란 속에서도 시스템을 멈추지 않게 붙든다.

감정이 개입할 틈을 주지 않고 입력된 값대로 반응하게 만듦으로써, 시스템을 최악의 상황에서 건져 올린다. 회복탄성은 깊은 사색이 아니라, 훈련된 반사신경의 속도에서 나온다.

5 단계적 재가동
처음부터 다시 잘하려고 애쓰지 마라

마지막으로 경계해야 할 것은 완벽한 회복에 대한 집착이다. 사고가 난 시스템을 수리하자마자 곧바로 최고 속도로 가동하려 하면, 과부하가 걸려 재고장이 발생한다.

소프트웨어 공학에서는 이를 방지하기 위해 안전 모드(최소한의 기능만 켜두는 비상 운용 상태)로 부팅하거나, 핵심 기능만 갖춘 상태로 서비스를 재개한다.

삶의 회복 역시 마찬가지다. 넘어진 직후에는 화려한 재기나 명예 회복을 목표로 삼아서는 안 된다. 시스템이 살아있음을 확인하는 미세한 움직임, 최소한의 기능 수행만이 유일한 목표가 된다. 가장 낮은 에너지로 수행할 수 있는 단순 작업들이, 멈춘 시스템을 다시 켜는 재부팅 스위치가 된다.

시간 낭비가 아니라, 멈춰버린 엔진을 예열하는 웜업 과정이다. 작은 성취감이라는 전류를 회로에 흘려보내 시스템을 정지 상태에서 대기 상태로, 그리고 다시 가동 상태로 단계적으로 끌어올리는 것이다. 부활이 아니라, 건조하고 침착한 단계별 재가동이 회복탄성의 실체다.

사람은 또 넘어지기 쉽다. 이것은 확률의 문제가 아니라 확정된 미래다. 그러므로 회복탄성은 이 확정된 미래를 전제로 설계된, 철저히 현실적인 기술이 되어야 한다. 넘어짐을 예외적인 사고로 취급하지 않고, 정상적인 운용 시나리오의 일부로 편입시키는 태도다.

"실패해도 괜찮다"는 말은 위로가 아니다. 실패 이후의 시간을 통제할 수 있을 때만 비로소 성립하는 기술적 진술이어야 한다.

충격을 구조적으로 흡수하고, 감정의 지연 시간을 단축하며, 다시 움직일 수 있는 최소한의 탄성을 확보하는 것. 이것이 불확실한 환경에서 나라는 시스템을 지속 가능하게 만드는 회복탄성의 본질이다.

문제 발생 시, 상황을 변명하거나 무작정 고개만 숙이는 태도는 신뢰를 되돌리지 못한다. 미안하다는 감정 표현만으로는 상황을 수습할 수 없다. 가장 먼저 내놓아야 할 것은 반성의 크기가 아니라, 언제까지 어떻게 원래대로 복구할 것인지가 적힌 구체적인 해결책이다.

실전 문장 설계도 ▶ **사과** | **회복탄성 가동**

❶ 상황 Signal | 나의 실수로 인해 신뢰가 훼손되었을 때

❷ 판단 기준 Check
- 변명이나 감정 호소가 문제 해결에 도움이 되는가? (아니요)
- 지금 당장 수습할 대안이 준비되었는가? (예) → 전략: 과거의 후회가 아닌 미래의 복구를 약속하는 계약으로 전환한다.

❸ 출력 문장 Output | "변명의 여지없이 제가 놓친 부분입니다. 실망을 드려 죄송합니다. 현재 문제를 파악했고, 수습 대안을 정리해서 내일 오전까지 다시 보고드리겠습니다."

손절매

아까운 것들을 잘라내는 용기

끈기는 미덕이지만, 기준을 잃은 끈기는 집착으로 바뀐다. 사람은 대개 시작보다 중단에서 무너진다. 이미 궤도가 어긋났다는 신호를 받고도 계속 걷는 이유는 단순하다. 쏟아부은 시간과 노력이 손에서 떨어지지 않기 때문이다.

생존하기 위해, 시스템을 세 가지 축으로 구분한다.

- **복원성**: 망해도 굶어 죽지 않을 비상금이 있는가?(에어백)

- **손절매**: 손실이 비상금을 넘기기 전에 지금 멈추는가?(브레이크)

- **회복탄성**: 멈춘 뒤에 다시 궤도로 복귀하는 속도가 빠른가?(엔진)

가장 큰 오해는 손절매[25](브레이크)를 뺀 채 복원성과 회복탄성만 챙기는 것이다. "안전장치 믿고, 회복할 자신 있으니 계속 밟아라"라는 조언은 틀렸다. 브레이크 없는 질주는 전소로 이어진다.

좋은 에어백이 있어도 절벽에서 떨어지면 소용없고, 좋은 엔진이 있어도 차체가 박살 나면 달릴 수 없다.

손절매는 복원성이 무용지물이 되기 전에, 회복탄성을 발휘할 기회를 남기기 위해 스스로가 능동적으로 개입하는 절단의 기술이다. 결심의 영역이 아니다. 사전에 입력된 규칙을 수행하는 기계적 집행이다.

1 끈기와 미련
안 되는 걸 붙잡고 있는 건 노력이 아니다

"버티면 이긴다"는 말은 반은 맞고 반은 틀리다. 상승장(성장하는 판)에서 버티는 것은 투자지만, 하락장(망해가는 판)에서 버티는 것은 무모한 도박이다.

많은 사람이 이 둘을 구분하지 않고 무작정 버틴다. 판이 깨졌는데 말만 갈아타며 달리는 격이다. 이유는 단순하다. '지금 그만두면 실패자가 된다'는 공포 때문이다.

하지만 시스템 관점에서 보면, 적절한 시점의 청산은 실패가 아니라 자본 회수다. 남은 에너지와 시간을 건져서 다른 곳에 재투자하기 위한 전략적 후퇴다.

흔히 평균 회귀의 법칙(바닥을 치면 반드시 오른다는 믿음)을 오해한다. 나쁜 일이 계속되었으니 곧 좋은 일이 올 것이라는 막연한 기대다. 그러나 시장과 관계에는 기억력이 없다.

'내가 그동안 고생했다'는 사실이, 앞으로의 보상을 담보하지 않는다. 썩어가는 환부를 도려내지 못하면 전신이 감염된다.

아깝다고 붙들고 있는 그 조직, 그 관계, 그 프로젝트가 남은 삶 전체를 잠식하게 된다.

2 성실함의 알리바이
해온 게 아까워서 그만두지 못할 때

끊어내지 못하는 태도는 흔히 성실함으로 위장된다. 무능력을 끈기로 포장하는 가장 쉬운 방법이다.

"조금만 더 하면 될 것 같아서", "이제 와서 그만두기엔 남들 보기에 부끄러워서"

이런 말들은 끈기가 아니다. 자신의 판단 착오를 인정하기 싫어 만드는 알리바이다. 특히 일관성에 대한 강박이 발목을 잡는다.

'한 번 시작했으면 끝을 봐야 한다'는 사회적 통념은, 잘못된 설계도조차 끝까지 시공하게 만드는 버그다. 방향이 틀렸다면 속도를 줄이는 것이 이성이다. 벼랑 끝으로 가면서 속도를 유지하는 것은 일관성이 아니라 관성일 뿐이다.

감정을 제거하고 장부만 본다. 과거에 얼마를 썼는지는 중요하지 않다. 중요한 건 '앞으로 얼마를 더 잃을 것인가'다.

- **감정의 언어**: "내가 여기에 쏟은 시간이 얼만데…" (과거 지향)
- **이성의 언어**: "여기서 멈추면 내일 쏟을 에너지를 아낄 수 있다." (미래 지향)

과거의 투자가 아까워 미래의 자원을 소각하는 행위는 멈추지 못하는 사람들의 전형적인 패턴이다. 알리바이를 폐기하고 장부를 덮는 행위, 그것이 손절매의 시작이다.

3 손절매(Stop Loss)의 공식
자동 판매 주문

주식 시장의 프로들은 폭락장이 오면 고민하지 않는다. 사전에 설정해 둔 가격(예: -10%)에 도달하면 프로그램이 자동으로 주식을 팔아버린다.

이성이 공포에 질려 판단을 마비시키기 전에, 시스템이 먼저 집행하는 것이다. 인생에도 이 자동 판매 주문을 걸어둬야 한다.

이 원칙은 거창한 위기에서만 필요한 것이 아니다. 일상의 작은 선택에도 "여기까지 가면 멈춘다"는 한계를 미리 적어 두어야 손실이 번지지 않는다.

한계 상황에 몰려서야 "그만둘까?" 고민하면 늦는다. 고통은 합리적인 판단을 방해한다.

감정이 개입할 틈이 없도록, 평온할 때 종료의 조건을 미리 입력해 둔다. 이 시스템을 작동시키기 위해 입력해야 할 값은 세 가지다.

첫째, 기간의 한계를 설정한다. 막연한 언젠가는 없다. 명확한 종료 시점을 정한다.

"앞으로 3개월. 딱 3개월만 더 해보고, 그래도 변화(성과, 태도 개선)가 없다면 미련 없이 정리한다."

이 데드라인은 타인에게 선언할 필요가 없다. 나만의 장부에 적힌 비밀스러운 종료 시점이다.

둘째, 비용의 한계를 설정한다. 내가 감당할 수 있는 손실의 하한선을 긋는다.

"내 통장 잔고가 ○○만 원 밑으로 떨어지면, 꿈을 잠시 접고 생업으로 복귀한다."

자존심이나 희망 회로가 아닌, 숫자가 트리거 되어야 한다.

셋째, 신호의 감지를 설정한다. 신체적 신호를 강제 점검의 기준으로 삼는다. 몸은 머리보다 먼저 시스템의 과부하를 감지하기 때문이다.

"주말을 온전히 쉬어도 월요일 아침에 회복이 안 된다면, 이것은 단순 피로가 아니라 배터리 효율 저하다. 반차를 쓴다."

"동료의 가벼운 질문에 나도 모르게 짜증이 튀어나간다면, 성격 문제가 아니라 냉각 시스템 고장이다. 회의를 미룬다."

4 절단의 미학
포기는 패배가 아니라 나를 살리는 결정

조건이 충족되면 실행한다.

증거가 멈춰야 할 때를 알리는 신호라면, 손절매는 그 신호를 받아 실제로 전원을 내리는 집행이다.

여기서 필요한 것은 용기가 아니라 기계적 수행이다. 망설임은 비용만 키운다. 일부를 포기하는 건 고통스럽지만, 쥐고 있으면 전부를 잃는다.

10을 잃었을 때 멈추는 것은 실패가 아니다. 100을 잃지 않게 막은 90의 승리다.

많은 사람이 멈춘 뒤에 찾아오는 공허함을 두려워한다. 하던 일을 멈추면 내 존재가 사라질 것 같아서다. 하지만 그 빈 공간은 실패의 구멍이 아니라, 새로운 기회가 들어올 여지다. 손에 쥐고 있는 끊어진 동아줄을 놓아야 새 줄을 잡을 수 있다.

떠나는 뒷모습이 아름다울 필요는 없다. 비겁하다는 비난을 들어도 상관없다. 중요한 건 살아서 돌아오는 것이다.

이 멈춤은 패배 선언이 아니다. 오류가 난 시스템을 강제로 종료하고, 안전한 곳에서 재부팅하기 위한 적극적인 생존 기술이다.

매몰 비용을 잘라내는 순간, 비로소 삶은 다시 투자 가능한 상태가 된다.

손절매는 포기가 아니다. 시스템을 살리기 위한 전략적 청산이다.

> 잘못된 방향임을 알면서도 시간과 노력이 아까워 그만두지 못할 때가 있다. 사람들은 이를 끈기라고 착각하지만, 가망 없는 일에 에너지를 쓰는 것은 명백한 손해다. 더 큰 자원이 빠져나가기 전에, 정해둔 기준선에 닿으면 미련 없이 끊어내는 결단력이 필요하다.

실전 문장 설계도 ▶ 손절매 | 매몰 비용 절단

❶ 상황 Signal

혹시나 하는 기대감이나 미련 때문에 일을 놓지 못하고 붙잡고 있을 때

❷ 판단 기준 Check

- 지금 멈추면 다음 시도를 할 여력이 남는가? (예)
- 계속 가면 다음 기회조차 박탈당하는가? (예) → 전략: 이것은 포기가 아니라 자원 보존이다. 다음 시드머니

| 를 남기기 위해 지금 끊는다.

❸ 출력 문장 Output

(스스로에게 or 동료에게)

"더 끄는 건 끈기가 아니라 집착이다. 안 되는 걸 확인했으면, 즉시 마무리하는 게 능력이다. 그래야 남은 자원으로 다음을 도모할 수 있다. 여기서 마무리한다."

말이 과잉 공급된 시대다. 공급이 많아질수록 언어의 가치는 희석된다.

불신의 시대에, 어떤 사람의 말은 흩어지지만, 어떤 사람의 말은 묵직하게 남아 기어이 현실을 움직인다. 그 차이는 화술이 아니라, 말이 삶의 기록과 얼마나 겹쳐 있느냐에서 갈린다.

말과 행동이 하나로 포개지는 상태, 이를 겹침[26]이라 부른다.

이것을 시스템 언어로는 동기화라 한다. 입력(말)과 출력(행동)

의 시차가 줄어들수록 설명은 줄고, 검증은 생략된다. 언어가 비용이 아니라 자산이 된다.

1 말의 무게
목소리 큰 사람이 아니라 삶이 무거운 사람

말은 잘하는데 기억에 남지 않는 사람이 있고, 투박한 한마디를 던져도 안도감을 주는 사람이 있다.

이 무게의 차이는 어디서 비롯되는가. 단순히 발성이나 화술의 문제가 아니다. 말 뒤에 버티고 있는 삶의 질량이 다르기 때문이다.

말을 뱉는 것은 쉽다. 무게가 없기에 어디든 닿을 수 있다. 마음만 먹으면 1초 만에 미래를 약속할 수도 있다.

현실에는 책임이라는 중력이 작용한다.

흩어지는 말을 땅에 붙들어 매려면, 막대한 시간과 육체의 노동을 지불해야 한다. 겹침이 확인되는 순간, 말은 약속이 아니라 증언으로 바뀐다.

그 겹침이 넓을수록 사람들은 믿을 수 있는 사람으로 분류한다. 그의 말은 단순한 소리가 아니라, 중력을 견디며 살아낸 삶의 요약본이기 때문이다.

요약본이 있는 사람은 설명이 길지 않다. 이미 살아낸 실체가 가장 강력한 설명이기 때문이다.

2 무유지 비용
꾸며내지 않으면 눈치 볼 필요도 없다

언행일치를 전통적 미덕으로만 생각한다. 하지만 구조를 아는 설계자의 눈으로 보면, 철저한 에너지 효율의 문제다. 계산이 필요한 지점이다.

자신을 실제(70)보다 더 크게(100) 보이려 과장하는 데 들어가는 유지 비용은 막대하다. 부풀려진 30의 거품이 터질까 봐 전전긍긍해야 하고, 뱉은 말을 기억하기 위해 머리는 끊임없이 방어 논리를 만들어야 한다.

자신을 꾸며내는 일은 백그라운드 프로세스를 증식시키는 고비용 행위다. 불일치가 드러날까 경계하며 맥락을 꿰맞추는 연산에, 가용 메모리가 소모된다. 정작 중요한 업무에 쓸 에너지가 고갈되는 것이다.

반면, 겹침 상태에 있는 시스템은 에너지를 아낀다. 말을 꾸며내거나 기억하려 애쓸 필요가 없다. 그냥 살아온 대로, 겪은 대로 출력하면 되기 때문이다. 사실은 관리할 필요가 없다. 그저 존재할 뿐이다.

이 상태를 무유지 비용[27](관리할 필요가 없는 상태)이라고 부른다.

가장 효율적인 생존 전략은 머리를 써서 그럴싸한 말을 지어내는 것이 아니다. 삶의 궤적과 입에서 나오는 말을 일치시켜 불필요한 연비 소모를 0으로 만드는 것이다.

겹침은 에너지를 방어가 아닌 생산에 온전히 쓰게 만드는 고도로 경제적인 기술이다.

3 약속과 보고
"할 수 있습니다" 대신 "해왔습니다"를 보여주기

가장 확실한 방법은 제안자가 아닌 증언자의 태도를 취하는 것이다.

회의 시간이나 대화 중에 습관적으로 "내가 볼 때에는…", "잘될 것이라 확신합니다"라며 미래를 약속한다.

약속은 힘이 약하다. 아직 오지 않은 미래이자, 책임지지 않아도 되는 가벼운 가설이기 때문이다.

하지만 증언은 다르다. 증언은 이미 벌어진 일, 직접 눈으로 확인한 과거형 팩트에 기반한다. 법정에서 목격자의 증언이 판결을 가르듯, 비즈니스 현장에서 데이터는 나를 보호하는 객관적인 변론이 된다.

🔵장면 제안 PT 현장

사활이 걸린 프로젝트 제안 자리다. 경쟁사는 화려한 그래프와 혁신 같은 단어를 쏟아내며 "반드시 200% 성장을 약속한다"고 목소리를 높인다. 청중들의 표정은 건조하다. 전형적인 언어의 인플레이션이다. 누구나 할 수 있는 미래의 말이기 때문이다.

반면 겹침이 준비된 발표자는 형용사를 지운다. 대신 지난 2주간의 테스트 로그를 테이블 위에 올린다. 그는 미래를 약속하는 대신, 이미 확인된 사실을 보고한다.

"지난주 제가 소규모로 진행한 베타 테스트의 결과값을 말씀드리겠습니다. 경쟁사는 고객이 A를 좋아할 것이라 예측했지만, 제가 실제 100명을 대상으로 돌려본 시뮬레이션에서 고객은 B를 선택했습니다. 저는 이 확인된 사실에 근거해 프로젝트를 설계했습니다. 또한, 오차가 발생하면 즉시 자원을 회수할 수 있도록, 중단 시점까지 설계에 포함했습니다.”

그 순간, 상대방의 자세가 바뀐다. 설득이 아니라 사실 확인의 영역이기 때문이다. 경쟁자가 “잘하겠다”고 호소할 때, 그는 “이미 이렇게 나왔다”고 증언했다. 청중의 질문은 ‘믿을 수 있는가’에서 ‘어떻게 적용할 것인가’로 이동한다. 불필요한 탐색전이 줄어들고, 데이터 기반의 실무 조율이 그 자리를 채운다. 증언은 타인의 동의를 구걸하지 않는다. 누가 뭐라 하든, 이미 벌어진 사실은 변하지 않기 때문이다.

4 신용의 효과
믿음이 쌓이면 의심하는 과정이 사라진다

말과 삶을 겹쳐가는 과정이 반복되면, 삶에는 신뢰 자본이 쌓인다. 금융권에 신용 점수가 있듯이, 관계와 비즈니스에도 보이지 않는 신용 점수가 존재한다.

약속을 지키고, 모르면 모른다고 말하며, 감당할 수 있는 만큼만 말하고 그 말을 실제로 지켜내는 일상.

이런 사소한 겹침들이 쌓이면 어느 순간 임계점을 넘게 된다. 이때부터는 신뢰 자본이 지렛대 효과를 일으킨다. 무슨 말을 해도 사람들이 믿어주기 시작한다. 일종의 고속도로다.

남들은 서류 심사, 레퍼런스 체크, 보증금 납부 등 복잡한 검증의 톨게이트를 거쳐야 하지만, 겹침이 증명된 사람은 프리패스로 통과한다.

제안서를 내밀면 꼼꼼히 검토하는 과정이 생략된다.

'이 사람이 가져온 거면 확실하겠지.' 심지어 실수를 해도 '저 사람에게는 그럴만한 이유가 있었을 거야'라며 전략으로 취급해 준다. 구입할 수 없는 엄청난 자산이다. 설득과 증명이라는 중간 과정이 삭제되고, 기회의 문은 더 쉽게 열린다.

반대로 겹침이 깨진 시스템, 즉 신용 불량 상태에서는 삶이 고달파진다.

콩으로 메주를 쑨다고 해도 사람들이 믿지 않는다. 모든 행동에 검증 비용이 청구되고, 작은 실수 하나에도 가혹한 비난이 쏟아진다.

시스템이 붕괴된 것이다. 한 번 무너진 신뢰 자본을 복구하는 데는 쌓을 때보다 몇 배의 노력이 든다.

5 일치의 확인
내가 한 말과 내가 사는 삶의 오차

겹침은 의지로 유지되지 않는다. 인간의 기억은 자신을 유리한 쪽으로 편집하는 데 선수이기 때문이다. 그래서 자주 '내가 언제 그랬어?'라고 발뺌하며 과거와 현재를 분리시킨다.

겹침의 상태를 유지하기 위해 매일 동기화 로그(말과 삶의 기록)를 점검한다. 거창한 일기가 아니다. 입력된 말과 출력된 삶의 오차를 확인하는 건조한 절차다.

- **입력**: 오늘 내가 뱉은 약속(말)은 무엇이었는가?
- **출력**: 그 말은 실제로 이행(삶)되었는가?
- **분석**: 오차가 발생했다면, 원인은 무엇인가?

자신의 용량을 아는 시스템은 과부하가 걸릴 약속을 하지 않는다. 할 수 있는 것과 없는 것을 명확히 알기에, 지킬 수 있는 말만 남긴다.

역설적으로 말의 양은 줄어들지만, 무게는 더 무거워진다. 말은 뱉는 순간 비용으로 사라지지만, 삶은 데이터처럼 쌓여 자산이 된다.

그러므로 말이 삶보다 앞서 나가는 것은 리스크다. 필요한 태도는 하나다.

말 뒤에 숨지 말고, 삶이 말을 앞질러 증명하게 두는 침묵.

화려한 언변은 찰나지만, 삶으로 증명된 신뢰는 지속 가능하다. 말과 행동이 정확히 포개지는 것. 이것이 비로소 완성된 겹침의 상태다.

앞으로 잘하겠다는 말만으로 능력을 증명하려 하면 오히려 의심을 사기 쉽다. 일어나지 않은 일에 대한 약속은 상대방의 불안을 잠재우지 못한다. 설득은 목소리의 크기가 아니라, 이미 행동으로 끝마친 결과물과 눈에 보이는 확실한 증거에서 나온다.

❶ 상황 Signal

말로만 하는 설득이 통하지 않고, 신뢰를 증명해야 할 때

❷ 판단 기준 Check

- 화려한 말이나 다짐으로 상대가 설득되는가? (아니요)
- 증명할 객관적 기록이 있는가? (예) → 전략: 과거의 자랑이 아니라, 예측 가능한 결과를 제시해 공유한다.

❸ 출력 문장 Output

(정리된 보고서를 건네며) "정리한 자료입니다. 발생 가능한 문제들까지 시뮬레이션을 마쳤습니다. 예상된 오차 범위 안에서, 계획대로 결과가 나오게 하겠습니다."

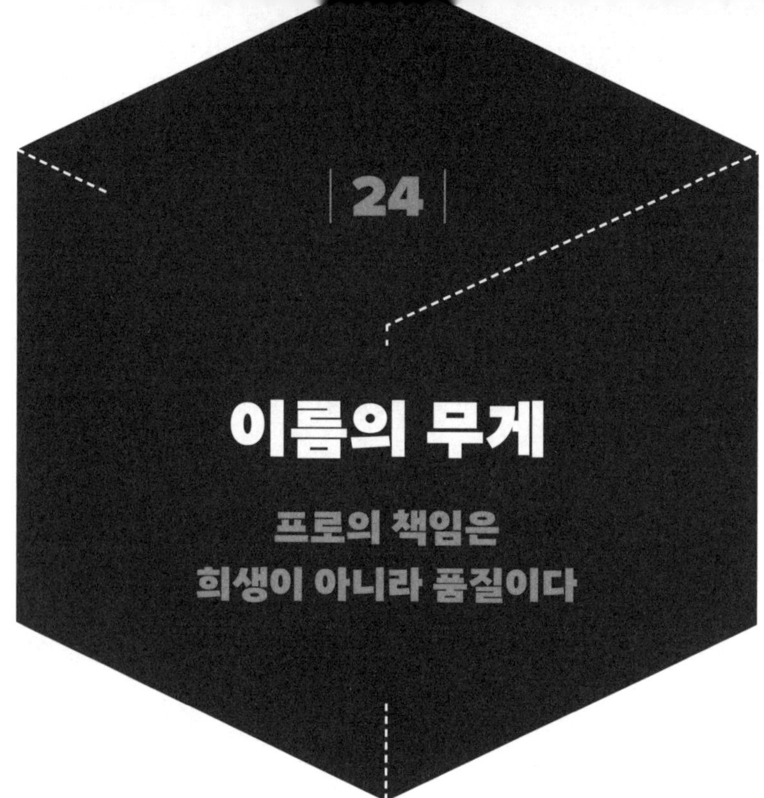

사회는 책임감이라는 단어를 강요한다.

어릴 때부터 "맡은 일은 끝까지 해내야 한다", "책임을 회피하는 것은 비겁하다"는 말을 듣는다. 그래서 사람들은 무의식적으로 책임을 '모든 결과를 내가 보증하는 것'으로 착각한다.

책임은 다른 의미다. 통제 가능한 범위와 통제 불가능한 영역 사이에 선을 긋는 일이다. 어디까지가 내 결정이고, 어디서부터가 내 능력 밖인지 냉정하게 계산해 경계를 설정하는 기술이다.

한계값을 입력하는 일은 이기주의가 아니다. 오히려 자신과 조직을 불확실성으로부터 동시에 보호하는, 가장 정밀한 책임의 공학이다.

1 착한 사람의 무능
다 해준다는 사람은 결국 아무것도 못 한다

조직에서나 사회에서나 일 잘한다는 소리를 듣는 사람들이 공통적으로 겪는 증상이 있다. 무한 책임 증후군이다. 이들은 기본적으로 성실하고 이타적이다.

문제가 생기면 "제가 해결하겠습니다"라고 가장 먼저 손을 들고, 동료가 힘들어하면 "내가 좀 더 하지 뭐"라며 남의 짐까지 어깨에 얹는다.

주변에서는 칭송한다. 하지만 이 환호는 함정이다. 환호에 취하거나, 타인을 실망시키고 싶지 않다는 두려움 때문에 자신의 이름을 너무 쉽게 내건다.

통제할 수 없는 영역까지, 물리적으로 불가능한 범위까지 끌어안는다. 마치 체력과 시간이 무한한 자원인 것처럼 백지수표를 남발하는 것이다.

결과는 예견된 수순이다. 선의로 시작했지만, 짐이 무거워질수록 표정은 어두워지고 말수는 줄어든다. 과부하가 걸린 시스템은 오작동을 일으켜 중요하지 않은 약속은 지키고, 정작 중요한 약속은 못 지킨다.

치명적인 순간은 무너진 뒤에 온다. 시스템은 무너진 뒤의 사정을 기억하지 않는다.

"누가 그렇게까지 무리하라고 했어? 자기가 좋아서 한 거 아니야?"

이 한마디가 비수가 되어 꽂히는 순간, 내면은 마비된다. 책임감은 분명 미덕이다. 하지만 한계가 설정되지 않은 책임감은 무능력의 다른 이름일 뿐이다. 그것은 자기 자신을 파괴하고, 결국 타인에게까지 비용을 전가한다.

자신의 이름을 걸고 일한다는 것의 진짜 의미는 모든 짐을 지는 것이 아니다. 감당할 수 있는 무게를 냉정하게 계산하고, 딱 거기까지만 짊어지는 일이다.

2 책임의 경계
내 능력 밖의 일에 선을 긋는 용기

자본주의 시스템은 발명품을 가지고 있다. 유한 책임[28] 회사(감당할 수 있는 책임의 상한선을 그은 회사)다.

과거에는 사업이 망하면 개인이 모든 빚을 갚아야 했다. 갚지 못하면 노예가 되거나 감옥에 갔다. 유한 책임 개념이 도입되면서, 주주는 자신이 투자한 자본금 한도 내에서만 책임을 지게 되었다. 이 책임의 한계선 덕분에 사람들은 과감하게 도전하고 모험할 수 있다.

인생 경영에도 이 개념이 절실하다. 이것이 바로 자아의 유한 책임 선언이다.

인간은 신이 아니다. 날씨를 바꿀 수 없고, 타인의 마음을 내 뜻대로 조종할 수 없으며, 급변하는 시장의 흐름을 완벽하게 예측할 수도 없다.

결과가 나쁘면 흔히 두 가지 오작동이 발생한다. 모든 것을 내 탓으로 돌리는 자학과, 환경이나 타인의 탓으로 돌리는 회피다.

'내가 좀 더 신경 썼더라면'이라는 자학은 에너지를 갉아먹고, '운이 없었다, 저 사람 때문이다'라는 남 탓은 시스템의 오류 수정을 가로막는다.

둘 다 상황을 개선하지 못한다. 구조를 아는 사람은 이 양극단을 피하고 명확하게 선을 긋는다. 마치 회사의 정관을 설계하듯, 책임의 물리적 한계를 규정한다.

- **여기까지는 나의 영역**(통제 가능): 태도, 노력, 언어, 준비한 전략, 약속한 시간 준수
- **저기부터는 외부의 영역**(통제 불가능): 상대방의 반응, 운, 시장 상황, 최종 결과

프로는 결과를 무조건 사죄로 덮지 않는다. 그 방식은 책임을 지는 것이 아니라, 책임의 경계를 흐리는 회피로 전락하기 쉽다.

프로는 자신의 영역에서 부끄러움 없이 최선을 다했는지를 먼저 묻는다. 그 과정에 부족함이 없었다면, 결과가 나쁘더라도 고개를 든다.

"제가 할 수 있는 최선은 여기까지였습니다. 이 이상의 결과는 제 능력을 벗어난 일이었습니다."

이렇게 말할 수 있는 용기. 그것이 자신의 이름을 지키는 태도다.

3 거절의 무게
거절할 줄 아는 사람의 '네'가 진짜다

책임의 범위를 제한하려면 필연적으로 입 밖으로 꺼내야 하는 단어가 있다. "No"다.

면전에서 거절하는 것은 어렵다. 부탁을 거절하면 상대가 상처 받을까 두렵고, 능력 없는 사람으로 보일까 걱정한다. 그래서 최악의 선택을 한다.

애매한 긍정이다. "한번 알아볼게요." "긍정적으로 검토하겠습니다."

여지는 상대를 애매하게 기다리게 하는 말이 아니라, 감당할 수 있는 선을 분명히 남기는 방식이다.

이 말들은 당장의 불편함을 모면하게 해주는 미봉책이다. 문제는 시간이 지나 그것이 상대를 더 깊게 찌른다는 점이다.

지키지 못할 희망을 주는 것이야말로, 가장 무책임한 위로다. 상대는 그 애매한 긍정을 약속으로 받아들인다. 시간이 흘러 마감이 임박했을 때, 쭈뼛거리며 "해봤는데 안 되겠습니다"라고 말한다.

그 순간 대화는 끝난다. 양해가 아니라 일방적인 통보이기 때문이다. 자신의 이름을 귀하게 여기는 사람은 거절이 빠르고 명확하다.

"죄송합니다. 그 일은 제 전문 분야가 아니라서 좋은 결과를 내기 어렵습니다."

"제 현재 일정상 이번 주까지는 물리적으로 불가능합니다."

이 단호함은 차가움이 아니다. 내 이름이 걸린 일만큼은 품질을 타협하지 않고 완성하고 싶다는 프로페셔널한 선언이다. 역설적으로 거절할 줄 아는 사람의 "Yes"는 무게를 가진다.

'저 사람은 빈말을 안 해. 못할 것 같으면 딱 잘라서 거절해. 그러니까 저 사람이 한다고 했으면 무조건 되는 거야.'

거절은 관계를 끊는 칼이 아니다. 신뢰를, 그리고 자신의 가치를 지키는 단단한 방패다.

4 습관적 동의
쉽게 내뱉은 대답이 내 발목을 잡을 때

은행에서 대출을 받을 때는 약관을 읽고 금액을 확인한다. 회사에서 중요한 계약서에 결재 사인을 할 때도 마찬가지다.

문제가 생겼을 때, 감당 가능한지 계산한 뒤에야 펜을 든다. 함부로 사인했다가는 재산을 잃거나 법적인 책임을 져야 한다는 것을 알기 때문이다.

그런데 인생의 계약 앞에서는 약관조차 읽지 않고 백지 서명을 건네는 경우가 많다. 지나가듯 던진 부탁을 덥석 받을 때, 기분에 취해 "내가 다 알아서 할게"라고 호언장담할 때. 그 순간 이미 불공정 계약서에 날인한 것이다.

여기에 잡힌 담보는 시간과 에너지, 그리고 무엇보다 대체 불가능한 자산인 평판이다. 이름은 누구나 가져다 쓸 수 있는 공공재가 아니다. 아무 데나 막 찍어도 되는 도장이 아니다.

이름을 건다는 것은 보증을 서는 일이다. 말 한마디에 존재가 담보로 잡힌다. 습관적인 '네'가 튀어나오려는 찰나, 마음속의 내부 결재판을 먼저 연다.

최종 승인 도장을 찍기 전, 내 물리적 시간과 체력이 남아있는지, 운이나 타인의 도움 없이 오직 내 기술로 완수할 수 있는 일인지를 조용히 따져본다. 이 계산이 서지 않는다면 서명은 보류된다.

"일정을 확인하고 다시 말씀드리겠습니다"라는 판단 유보를 선언한다.

이 짧은 멈춤이 시스템을 보호한다. 그것은 단순한 망설임이 아니다. 허풍선이로 전락하지 않기 위해 확보해야 할 최소한의 물리적 시간이다.

5 프로의 조건
좁게 책임져야 깊게 책임질 수 있다

"책임의 선을 긋고 거절을 잘하면 너무 계산적인 사람처럼 보이지 않을까? 열정이 없어 보이지 않을까?"라고 반문할 수 있다.

오히려 반대다. 모든 것을 책임지겠다는 선언은 결국 아무것도 책임지지 못한다는 자백과 같다.

에너지가 분산되면 결과는 평균 이하로 수렴하고, 약속은 이행되지 못한 채 폐기된다. 열정적인 무능력자가 만들어지는 정해진 수순이다.

숙련된 기술자의 작업 방식은 다르다. 자신의 손이 닿는 범위, 통제할 수 있는 품질의 한계를 정확히 안다. 그래서 무리한 주문은 받지 않는다.

돈을 더 준다고 해도 거절한다. 대신 맡기로 한 과업 하나만큼은 어떤 상황에서도 타협하지 않고 완성한다. 이것이 이름의 윤리다.

범위를 좁히고, 더 좁혀야 한다. 책임은 좁혀진 영역 안에서 밀도를 갖는다.

장면 거절의 현장

회사의 가장 큰 클라이언트가 찾아와 파격적인 예산안을 내민다. 조건은 단 하나, 물리적으로 불가능해 보이는 납기다. 그는 잠시 침묵하더니 정중하게 제안서를 덮는다.

"대표님, 예산은 차고 넘칩니다. 하지만 이 일정으로는 저희가 규정한 품질 기준을 맞출 수 없습니다. 문제가 뻔히 보이는 프로젝트에 서명해서 대표님께 리스크를 떠안길 수는 없습니다. 이번 건은 고사하겠습니다."

그날 밤 회사는 막대한 매출 기회를 날려 보낸다. 하지만 1년 뒤 그 클라이언트는 더 중요한 프로젝트를 들고 다시 문을 두드린다. 이유는 단순했다.

"업계에서 유일하게, 안 되는 건 안 된다고 정확하게 말해주는 곳이니까."

그의 거절은 관계의 단절이 아니었다. 자신의 신용을 지켜내기 위해 값비싼 보험료를 지불한 것이다.

"다른 건 몰라도, 이 부분만큼은 내 이름을 걸고 보증한다."

침묵할 때 침묵하고 책임질 수 있는 언어만 사용하는 이러한 선 긋기는 타인을 향한 거절이 아니다. 이름이 헛되이 소비되지 않고, 가장 빛나야 할 곳에서 가장 무겁게 쓰이도록 만드는 배치의 전략이다.

책임의 한계를 정확히 긋는다는 것은, 더 이상 모든 것을 짊어지겠다는 허세를 내려놓는 일이다. 이 경계가 명확해질 때, 삶은 제어 불능의 가속을 멈추고 비로소 내가 통제할 수 있는 속도로 흐르기 시작한다.

책임감은 자리를 지키는 물리적 시간이 아니다. 프로페셔널은 모든 것을 해결해 주는 착한 사람이 아니라, 자신의 이름이 걸린 품질을 타협하지 않는 사람이다. 희생은 성과의 증거가 되지 못한다.

프로의 이름은 오직 결과물의 품질로만 증명된다.

> 능력을 벗어난 일과 마주했을 때, 혼자 해결하겠다고 붙들고 있으면 결국 전체를 망치게 된다. 일이 틀어진 뒤에 도움을 요청하는 것은 해결이 아니라 사고다. 무너지기 전에 스스로의 한계를 명확히 긋고, 다른 사람의 전문성을 빌려와 필요한 자리에 영리하게 배치해야 한다.

❶ 상황 Signal

혼자 감당하기 어려워 도움을 요청해야 하는데, 무능해 보일까 걱정될 때

❷ 판단 기준 Check

- 혼자 끙끙대다가 사고를 치는 것이 더 위험한가? (예)
- 상대의 경험이 이 문제 해결의 핵심 열쇠인가? (예)
  → 전략: 도움 요청을 구조 신호가 아닌, 해결을 위한 자원 배치 제안으로 만든다.

❸ 출력 문장 Output

"제 선에서는 이 부분을 놓칠 위험이 있습니다. 진행하려면(선배님)의 감각이 꼭 필요합니다. 여기만 봐 주시면, 나머지는 제가 책임지고 마무리하겠습니다."

성장은 맹목적인 종교가 되었다. 사람들은 멈추면 도태된다는 공포 때문에 몸집을 불린다. 하지만 무한한 확장은 필연적으로 밀도의 상실을 동반한다.

이제 삶의 무게중심을 옮겨야 한다.

'얼마나 더 커질 것인가'가 아니라, '어떻게 자신을 잃지 않고 단단해질 것인가'로 말이다.

이 책의 마지막 결론은 보존[29]이다.

1 부피와 밀도
덩치만 키우지 말고 속을 채워야 한다

흔히 성장을 부피의 확장으로 오해한다. 더 많은 연봉, 더 높은 직급, 더 많은 팔로워. 눈에 보이는 지표들이다. 물론 중요하다.

하지만 맹목적인 성장은 자신의 소진을 담보로 한다. 더 높은 성과를 위해 일상의 자산을 끌어다 쓸수록 외형은 커지지만, 내면의 밀도는 낮아지고 충격을 버틸 힘은 줄어든다.

보존은 멈추거나 현상을 붙드는 일이 아니다. 외부 압력 속에서도 중심을 잃지 않도록, 내면의 밀도를 높여 계속 나아가게 하는 상태다.

위로만 뻗은 나무는 작은 바람에도 뽑히지만, 아래로 뿌리를 내린 나무는 태풍을 견뎌낸다.

결국 보존은 성장의 대척점에 있지 않다. 오히려 가장 멀리 성장하기 위해 거쳐야 할 전제 조건이다. 풍선이 터지지 않고 더 높이 날아오르려면, 견고한 내구성이 먼저 확보되어야 하는 이치다.

2 변하지 않는 것
명함이 바뀌어도 끝까지 남는 내 모습

철학에는 '테세우스의 배'라는 역설이 있다. 낡은 배의 판자를 하나씩 새것으로 교체하다가, 마침내 모든 부품이 다 바뀌었을 때 "이 배는 원래의 그 배인가, 아니면 다른 배인가?"를 묻는 질문이다.

인생 항해에서도 비슷한 일이 벌어진다. 사회에 첫발을 내디뎠을 때, 개인은 저마다의 고유한 색깔을 지닌 원석이었다. 하지만 조직이라는 시스템에 들어가면서 조금씩 깎여나간다.

"요즘 트렌드는 이게 아니야", "성공하려면 말투부터 바꿔."

살아남기 위해, 인정받기 위해 부품들을 갈아끼운다. 호기심을 빼고 효율성을 끼워 넣는다. 솔직함을 빼고 정치력을 장착한다.

그렇게 해서 높은 자리에 오르고 성공이라는 깃발을 꽂는다. 그런데 막상 거울을 보면 낯선 타인이 서 있다.

직함은 얻었지만 정작 그 안의 자신은 희미해졌다. 회사의 논리와 타인의 기대에 맞춰 자신을 리모델링했기 때문이다.

진정한 유능함은 파도에 맞춰 돛을 조정하되, 끝까지 키를 놓지 않는 데 있다. 어떤 상황에서도 변하지 않는 불변의 값을 지키는 것. 그것이 보존된 자아의 핵심이다.

이때 비로소 고유성이 드러난다. 1등은 시간이 지나면 잊히지만, 대체 불가능한 존재는 끝까지 살아남는다.

이름표를 떼고 결과물만 봐도 '아, 이건 그 사람이 했구나'라고 단번에 알 수 있는 상태.

문체와 관점, 심지어 실수를 수습하는 방식까지 그 사람다운 결.

숨 쉴 여지를 만들며 그토록 지켜내려 한 최종 목적지가, 바로 이 보존된 존재다.

3 나만의 속도
남들의 시계에 맞추지 않고 내 계절을 사는 법

자아를 보존한 사람은, 비로소 자신만의 시간대를 살아간다. 세상에는 강력한 중력이 작용한다.

"서른 살이면 결혼을 해야지", "입사 5년 차면 대리를 달아야지."

이 거대한 사회적 시계는 끊임없이 재촉한다.

하지만 자신의 질서를 가진 사람은 고요하다. 그들은 귀를 닫은 고집쟁이가 아니다. 다만 그들에게는 자신만의 입법권이 있을 뿐이다.

'세상이 정한 순서가 곧 나의 순서는 아니다. 타인의 속도에 끌려가지 않고, 감당할 수 있는 리듬으로 나의 시간을 쓴다.'

이런 사람을 단독자라 부른다. 단독자로 사는 것은 외로운 일이다. 무리 지어 다니며 서로를 위로하는 안락함을 포기해야 하기 때문이다.

그 고독은 처량한 따돌림이 아니라, 선택의 고립이다.

진정한 리더십과 매력은 타인을 무작정 따라 하는 데서 나오지 않는다. 배울 것은 배우되, 끝내 자기 질서로 소화해 내는 사람에게서 나온다.

4 상처의 무늬
깨진 틈을 메워 더 단단해지는 회복

자아를 보존한다는 것은 상처 하나 없이 깨끗한 상태를 유지하는 것이 아니다. 진열장 속 도자기는 매끄럽지만, 그 무결함은 세상과 치열하게 섞이지 않았다는 증거이기도 하다.

진열장 밖으로 나와 세상과 부딪히면 흠집은 피할 수 없다. 다만 완전히 산산조각 나지 않으려면 먼저 충격을 흡수할 공간이 필요하다.

건축학에서 건물 사이에 이격 거리를 두듯, 자아와 세상 사이에도 여지라는 완충 지대가 있어야 한다. 없으면 비난을 그대로 흡수해 중심이 요동치고, 있으면 그 비난을 완충 지대에 잠시 세워둔다.

'저 사람의 말은 저 사람의 기분일 뿐, 나의 현실과는 무관하다.'

해석을 미루는 이 짧은 틈이 나를 보호한다.

하지만 아무리 완충 지대가 있어도 살다 보면 금이 가고 깨지는 순간이 온다. 이때 필요한 것이 일본의 킨츠기 기술이다.

깨진 도자기를 버리는 것이 아니라, 깨진 틈을 옻으로 붙이고 그 위에 금가루를 칠해 장식하는 예술이다. 수리를 마친 도자기는 깨진 자국이 선명한 금선으로 남는다. 사람들은 그 도자기를 새것보다 더 귀하게 여긴다.

그 깨짐과 다시 붙음의 역사가 세상에 단 하나뿐인 존재로 만들어 낸다.

누군가의 마음에도 금이 간 자국은 존재한다. 이것은 감추어야 할 흉터가 아니다. 세상의 벽과 정면으로 충돌했던 마찰의 흔적이자, 끝내 붕괴되지 않고 형태를 복원해냈다는 생존의 기록이다.

내면이 성숙한 사람에게 갈라진 틈은 금으로 메워진 가장 견고한 이음새가 된다.

완충 지대(여지)는 부서짐을 막고, 킨츠기(회복)는 상처를 고유한 무늬로 완성한다.

5 다시 쌓는 힘
무너져도 다시 시작할 도구가 있다

분명한 것은, 이 보존된 자아는 영원히 완성되지 않는 현재진행형이라는 사실이다. 스페인의 가우디 대성당이 100년 넘게 지어지고 있듯이, 자아라는 건축물도 죽는 날까지 보수 공사가 필요하다.

내일 또 흔들릴 것이다. 예상치 못한 파도가 덮치면 또다시 넘어질 것이고, 믿었던 관계에서 상처받을 것이다. 완벽한 대비책이란 존재하지 않는다.

하지만 더 이상 막막하지는 않다. 무너진 자리에 다시 세울 시스템 설계도를 쥐고 있기 때문이다. 위기의 순간이 닥치면, 준비된 도구를 하나씩 꺼내 다시 조립하면 된다.

- **불확실할 때**: 모름의 규율을 적용해 공포를 데이터로 바꾼다.
- **관계가 힘겨울 때**: 세 개의 장부를 펼쳐 감정과 비용을 계산

한다.

- **선택이 막막할 때**: 계기판을 확인해 목적과 경제성을 본다.
- **실패가 두려울 때**: 미리 정해 둔 종료 기준을 믿고 과감하게 시도한다.

딛고 선 불안한 세상이 서로 다르지 않다면, 이 치열한 기록은 누군가를 지탱할 도면이기도 할 것이다. 이 시스템은 위기의 순간, 감정보다 먼저 작동하도록 설계했다.

흔들림은 실패가 아니라, 더 멀리 가기 위한 계산된 허용 오차일 뿐이다. 부러지지 않기 위해 필요한 것은 뜨거운 의지가 아니다.

차갑게 구축해 둔 이 구조를 믿고, 그저 작동시키는 것이다.

5
완성

"진짜 성공은
높이 올라가는 것이 아니라,
매일 조금씩
덜 흔들리는 것이다."

먼저 걸어본 사람의
정직한 기록

완성보다는 해방에 가까운 마음으로 마지막 문장을 적습니다. 내면에서 수년 동안 묵혀왔던 질문들을 더 이상 미루지 않고 세상에 꺼내 놓았습니다. 써야만 한다는 부채감이 오랫동안 마음을 짓눌러왔기에, 이 원고를 완성하는 과정은 그 빚을 정산하는 일이었습니다.

이 책은 삶을 자랑하려는 성공 보고서가 아닙니다. 거센 압력 속에서도 자신을 잃지 않고 지켜내기 위해 그려온, 정직한 보존의 단면도입니다. 선택의 기로 앞에서 주저앉지 않고, 실패를 겪어도 다시 일어설 수 있도록 세워 온 질서들을 솔직하게 보이고자 했습니다.

기계적인 요약 대신, 긴 설계의 끝에 남은 소회를 나직이 전합니다.

1 **기록의 종결**: 틈에서 밀도로

첫 문장을 적을 때, 타인을 향한 거창한 제안이 아니라 오직 나를 지탱하기 위한 기록으로 쓰겠다고 다짐하며 출발했습니다.

스스로의 헐거운 천성을 신뢰하지 않았고, 선택의 무게를 책임이 아닌 죄책감으로 덮어버리려는 그 나약함을 너무나 잘 알고 있었기 때문입니다. 그 습성대로만 살았더라면, 아마 벌써 많은 관계를 잃고 주저앉았을지도 모릅니다.

지금 겉으로 보이는 차분함은 타고난 성격이 아닙니다. 내면에서 지난하게 만들어 온 인위적인 질서의 결과물입니다. 이것을 여지라고 불렀습니다.

처음의 여지는 숨기 급급한 빈틈이었습니다. 지금의 여지는 무너짐을 버티게 하는 구조로 바뀌었습니다. 빈틈을 규율로 메우고, 그 밀도를 구조로 고정해 감당 가능한 선택을 실행하는 자리까지 걸어왔습니다.

이 지루하고 고단했던 싸움의 어떤 부분은 이제 내 안에 뼈대로 남았다고 믿어보고 싶습니다.

2 수신인: 의지보다 시스템을 믿는 사람들에게

나를 지키기 위해 시작된 이 기록은, 이제 책상 밖으로 나가 나와 닮은 사람을 향합니다. 세상에는 고군분투가 필요한 사람들이 여전히 많기 때문입니다.

먼저, 뜨거운 열정이나 타고난 재능보다 시스템을 믿는 사람들에게 이 글을 건넵니다. 기분은 흔들려도 규칙은 남는다는 사실을 아는 사람들, 매일 조금씩 반복되는 성실함으로 삶을 지탱해 온 사람들을 위한 설계도입니다.

또한, 거절하지 못해 스스로를 소모하는 사람들에게 닿기를 바랍니다. 남에게는 관대하고 자신에게는 가혹해서, 늘 손해 보면서도 웃어넘기는 사람들입니다. 착한 사람이 아니라 만만한 사람이 되어버린 이들에게, 죄책감 없이 거절하고 온전하게 자신을 지킬 수 있도록, 이 투박한 도구들이 작은 무기가 되었으면 합니다.

3 도면의 이양: 동료와 아이에게 남기는 마음으로

마지막으로, 이 모든 기록의 가장 깊은 곳에 있는 수신인은 존중과 배려로 함께 일해준 동료들, 그리고 나의 아이입니다.

동료들에게는 우리가 현장에서 겪은 숱한 시행착오가 헛되지 않았음을 증명하고 싶었습니다. 그리고 언젠가 이 냉정한 세상에 홀로 발을 디딜 아이에게는, 삶을 대하는 태도와 책임의 무게를 전해 주고 싶었습니다.

완벽한 아버지가 건네는 해답은 아닙니다. 그저 먼저 걸어본 사람으로서, 길 위의 웅덩이와 비바람을 피하는 법을 정직하게 남긴 기록입니다.

먼 훗날 아이의 책장 한구석에서, 고단한 순간 꺼내 쓸 수 있는 소박한 삶의 자산으로 남겨둡니다.

세상이 무리한 희생을 강요할 때, 거절할 말이 떠오르지 않아 막막할 때, 이 책의 한 문장이 삶을 지키는 단단한 울타리가 되었으면 합니다.

부디 자신만의 집을 짓는 데 작은 참조가 되기를.

부록

용어 사전

실전 문장 설계도

세상의 모호한 압력("열심히 해", "눈치껏 해")에 휩쓸리지 않으려면, 나만의 명확한 정의가 필요합니다. 질서가 흔들릴 때, 세상의 사전 대신 이 사유의 구조를 기준점으로 삼습니다.

1 **천성**Nature 불확실한 상황에서 불안해하고 감정에 흔들리는 인간의 기본 설정. 고칠 수 있는 결함이 아니라 시스템으로 통제해야 할 전제 조건.

2 **배치**Arrangement 의지력에 기대지 않고 환경을 설계하는 것. 스마트폰을 서랍에 넣거나 알람을 방문 밖에 두는 물리적 세팅. 필요한 행동이 저절로 일어나도록 만드는 구조.

3 **여지**Leeway 급하게 결정하지 않고 멈추는 시간. "내일 아침에 다시 생각하자"처럼 언제 다시 판단할지 시간을 정해두는 계획된 멈춤. 방치와 다른 점은 돌아올 시점이 명확하다는 것.

4 **낮은 변동성**Low Volatility 한 번 최고점을 찍는 것이 아니라 컨디션이 나쁜 날에도 일정 수준 이하로 떨어지지 않는 기복 없는 상태. 타인에게 예측 가능성을 제공하여 일관되게 신뢰를 주는 프로의 조건.

5 **마진**Margin 남들보다 먼저 노력해서 확보한 출발선의 여유. 좋은 대학,

검증된 이력이 만든 초기 우위. 하지만 안주하면 야생성을 잃고, 시간이 지나면 자연스럽게 소모된다.

6 **재검토 시점**Review Point 결정을 막연히 미루는 것이 아니라 "언제, 어떤 데이터를 보고 다시 판단할지" 미리 정해두는 절차. 상황에 휩쓸리지 않고 정해진 기준에 따라 다음 단계를 기계적으로 실행하게 만드는 스위치.

7 **얇은 봉인**Thin Seal 지금 내린 결론을 절대 진리로 굳히지 않고 언제든 수정 가능한 상태로 두는 것. 고집에 빠지지 않으면서도 당장 실행할 수 있는 최선을 선택하게 만드는 장치.

8 **경로의 압력**Path Pressure "남들이 다 가는 길을 나만 안 가면 뒤처진다"는 보이지 않는 압박. 스스로 선택한 방향인지, 아니면 흐름에 떠밀려 가는 것인지 점검하게 만드는 신호.

9 **세 개의 장부**Three Ledgers 관계를 판단할 때 돈(이익), 지켜야 할 선(규범), 서로의 존엄(자존)을 동시에 따지는 계산법. 눈앞의 이익 때문에 신뢰나 자존감을 깎아먹지 않도록 균형을 잡는 도구.

10 **안전 모드**Safe Mode 과부하가 걸려 한계에 달했을 때 유입되는 정보량과 접촉을 최소화해 에너지를 보존하는 비상 운용 상태. 시스템이 붕괴하기 전에 핵심 기능만 남기고 불필요한 연결을 차단.

11 **설계된 부작위**Designed Non-Action 상황이 불확실할 때 섣불리 개입하지 않고 멈춰 있는 전략. 불필요한 선의나 행동이 오히려 상황을 망치는 것을 막기 위해 의도적으로 아무것도 하지 않는 리스크 관리.

12 **안전감의 최저값**Minimum Value of Safety　호감을 얻으려고 뭔가를 더하는 것
보다, 신뢰를 깎아먹는 행동(지각, 약속 어김)을 하지 않는 것이 더 중요하
다는 원칙. 화려한 플러스보다 기본을 지키는 것이 관계를 지킨다.

13 **적합성**Suitability　우열을 가리는 평가가 아니라 역할과 역량이 마찰 없이
맞물리는지를 묻는 수평적 기준. 문제가 생겼을 때 사람의 의지를 탓하기
전에 구조적 배치가 적합한지 먼저 점검하는 도구.

14 **회복탄성**Elasticity　타격을 입어 멈춰 선 사람이 다시 정상적인 일상으로
복귀하는 속도. 감정에 빠져 늘어지지 않고 사실에 기반해 다시 제자리로
돌아와 작동을 재개하는 물리적 탄성.

15 **부분 약정**Partial Commitment　불확실한 일에 모든 걸 쏟아붓지 않고 감당 가
능한 작은 단위로 쪼개서 진입하는 방법. 실패해도 타격이 적은 수준까지
만 자원을 투입해 위험을 통제.

16 **증거**Evidence　사람의 감정이나 희망이 아니라 현장에서 수집된 데이터에
기반해 판단하는 기준. 막연한 기대나 편향을 멈추고 현실을 객관적으로
보게 만드는 신호이자 안전장치.

17 **서킷 브레이커**Circuit Breaker　과부하가 임계점을 넘을 때 강제로 작동을 멈
추게 하는 안전장치. 감정이 폭발하거나 시스템 전체가 타버리기 전에 정
해진 기준에 따라 기계적으로 차단기를 내리는 것.

18 **트리거**Trigger　특정 조건이 충족되면 미리 정해둔 행동이 자동으로 실행
되도록 설정한 조건부 스위치. 매번 새롭게 고민할 필요 없이 기준에 도달

하면 기계적으로 다음 단계가 작동하게 만드는 장치.

19 **모름의 규율**Discipline of Not-Knowing   타인의 모든 상황을 알 수 없음을 인정하고 판단을 미루는 태도. "나는 전체 맥락을 모른다"고 상기하며 섣부른 평가를 멈추는 브레이크.

20 **재판관과 기록관**Judge and Archivist   정보를 처리하는 두 가지 모드. 본능대로 성급히 평가하는 재판관 모드는 끄고, 판단을 유보한 채 있는 그대로의 사실만 수집하는 기록관 모드로 전환해야 감정 소모를 막을 수 있다.

21 **사후 계약**Post-Contract   협상이 결렬됐을 때 완전히 단절하는 대신, 특정 조건이 충족되면 다시 논의하자고 재진입 경로를 명시하는 합의. 관계를 끝내지 않고 향후 접속할 수 있는 구조적 통로를 남겨두는 기술.

22 **열린 결론**Open Conclusion   대화를 영구적 단절로 끝내지 않고 조건이 변하면 언제든 다시 논의할 수 있도록 여지를 두는 설계. 감정적인 마침표를 찍는 대신 관계를 지속 가능하게 유지하는 구조적 장치.

23 **평균 복구 시간**MTTR   실패한 직후부터 다시 정상 궤도로 돌아올 때까지 걸리는 시간. 한 번도 안 넘어지는 것이 아니라 넘어졌을 때 얼마나 빠르게 회복하는지를 재는 지표.

24 **복원성**Reversibility   실패가 완전한 파산으로 이어지지 않도록 미리 확보해 둔 안전망. 결정적인 타격을 입어도 원래 상태로 돌아올 수 있게끔 감당 가능한 손실 한도와 비상 자산을 마련해 둔 상태.

25 **손절매**Stop Loss   손실이 미리 정해둔 한계를 넘었을 때 시스템을 강제로

멈추는 기계적 차단. 지금까지 쏟아부은 비용(매몰 비용)에 대한 미련을 버리고 더 큰 손해를 막기 위해 규칙대로 실행하는 절단.

26 **겹침**Coherence　밖으로 내뱉은 말과 실제 삶의 궤적이 오차 없이 일치하는 상태. 자신을 방어하거나 포장할 필요 없이 있는 그대로의 데이터로 자신을 증명하는 방식.

27 **무유지 비용**Zero-Maintenance Cost　억지로 꾸며낸 모습을 지탱하거나 변명하는 데 에너지를 낭비할 필요가 없는 상태. 말과 행동이 일치해서 가용 자원을 방어가 아닌 생산에 온전히 집중할 수 있는 구조적 자유.

28 **유한 책임**Limited Liability　통제할 수 있는 영역과 없는 영역을 구분해, 자신이 감당할 수 있는 범위까지만 책임지겠다는 명확한 선언. 무리한 책임을 떠안지 않고 거절함으로써 결과물의 품질을 지키는 태도.

29 **보존**Preservation　타인과의 경쟁에서 이기는 것이 아니라 세상의 압력 속에서도 자신만의 고유함과 질서를 마모되지 않게 지켜내는 것. 이 책이 말하는 생존의 궁극적 결론.

판단이 흐려질 때마다 이 설계도를 꺼내 읽습니다.

이곳에 남기는 기록들은 감정에 휩쓸리던 순간, 스스로를 보호하기 위해 수없이 고쳐 쓴 언어의 설계도입니다. 천성이 '빨리 대답해, 그냥 좋게 넘어가'라고 재촉할 때, 본능적 반응을 멈추고 이 논리 회로를 따라갔습니다.

이 설계도는 외워서 꺼내 쓰는 암기장이 아닙니다. 어떤 상황에서, 어떤 기준을 거쳐 입을 떼는지 그 사고의 순서를 익히기 위한 도구입니다.

뼈대가 되는 원리를 장착하면, 어떤 변수가 닥쳐도 현장에서 스스로 방어할 문장을 조립해 낼 수 있습니다.

A 방어 1선 · 나를 보호할 때

실전 문장 설계도 ▶ **거절** | 한계선의 보호

❶ 상황^{Signal}

무리한 부탁 앞에서 죄책감을 느끼거나, 단호하게 멈춰야 할 때

❷ 판단 기준^{Check}

- 현재 내 일정과 역량으로 품질을 보장할 수 있는가? (아니요)

- 억지로 수락했을 때 발생할 결과(신뢰 하락)를 감당할

수 있는가? (아니요) → 전략: 거절의 이유를 싫음이 아
닌 품질 보증을 위한 선택으로 격상시킨다.

❸ 출력 문장 Output

"제안해 주셔서 감사합니다. 다만 현재 제 일정으로는
기대하시는 완성도를 맞추기 어렵습니다. 억지로 맡아
서 민폐를 끼치는 것보다, 다음 기회에 제대로 하는 게
맞다고 봅니다."

실전 문장 설계도 ▶ **유예** | **모름의 규율**

❶ 상황 Signal

확신이 서지 않는데 즉각적인 대답이나 결정을 강요받
을 때

❷ 판단 기준 Check

• 지금 바로 결론을 내릴 만큼 정보가 충분한가? (아
니요)

• 빠른 대답이 정확한 대답보다 중요한가? (아니요) →
전략: 막연한 회피가 아니라, 정확함을 위한 필수적인
절차임을 명시한다.

❸ 출력 문장 Output

"지금 바로 답을 드리면 부정확할 수 있습니다. 확인해
서 내일 오전까지 정확하게 말씀드리겠습니다."

 분별 | **평가의 중지**

❶ 상황 Signal

상대의 공격적인 언행에 휩쓸려 감정적으로 대응하려 할 때

❷ 판단 기준 Check

- 지금 이 대화가 문제 해결에 도움이 되는가? (아니요)
- 상대의 비난을 나의 내면으로 받아들여야 하는가? (아니요) → 전략: 비난을 상황으로 쳐내는 방어벽을 세우고, 강제로 시간을 분리한다.

❸ 출력 문장 Output

"상황이 답답하신 건 알겠습니다. 다만 지금은 감정이 좀 격해지신 것 같으니, 상황 정리가 안 될 것 같습니다. 1시간 뒤에 다시 논의하시죠."

 비용 | **가치 입증**

❶ 상황 Signal

열정 페이나 무리한 희생을 좋은 게 좋은 거라며 강요받을 때

❷ 판단 기준 Check

- 이 희생이 나중에 정당한 보상으로 돌아오는가? (아니요)
- 내가 제공하는 열정과 호의는 공짜인가? (아니요) →

전략: 착한 사람이 되기를 포기하고, 프로페셔널한 거
래자의 포지션을 취한다.

❸ 출력 문장 Output

"열정만 가지고 하기엔, 책임감이 너무 무겁습니다. 퀄
리티는 제가 책임질 테니, 그에 맞는 처우를 보장해 주
십시오."

실전 문장 설계도 ▶ 개입 | 정보 소외의 차단

❶ 상황 Signal

주요 회의나 업무 메일에서 배제, 나만 모르는 상태로
일이 진행될 때

❷ 판단 기준 Check

- "왜 나를 뺐어?"라고 말하면 사적인 서운함으로 비치
  는가? (예)
- 이 정보를 모르면 내 업무에 문제가 생기는가? (예) →
  전략: 서운함(감정)을 배제하고, 리스크 관리(책임)를
  명분으로 내세워 정보망에 재진입한다.

❸ 출력 문장 Output

"참조가 빠져서 뒤늦게 봤습니다. 제 업무와 직결된 건
이라, 제가 실시간으로 알아야 사고를 막습니다. 다음
엔 꼭 넣어주십시오."

실전 문장 설계도 ▶ **사과** | 회복탄성 가동

❶ 상황 Signal

나의 실수로 인해 신뢰가 훼손되었을 때

❷ 판단 기준 Check

- 변명이나 감정 호소가 문제 해결에 도움이 되는가? (아니요)

- 지금 당장 수습할 대안이 준비되었는가? (예) → 전략: 과거의 후회가 아닌 미래의 복구를 약속하는 계약으로 전환한다.

❸ 출력 문장 Output

"변명의 여지없이 제가 놓친 부분입니다. 실망을 드려 죄송합니다. 현재 문제를 파악했고, 수습 대안을 정리해서 내일 오전까지 다시 보고드리겠습니다."

실전 문장 설계도 ▶ **증언** | 겹침의 미학

❶ 상황 Signal

말로만 하는 설득이 통하지 않고, 신뢰를 증명해야 할 때

❷ 판단 기준 Check

- 화려한 말이나 다짐으로 상대가 설득되는가? (아니요)

- 증명할 객관적 기록이 있는가? (예) → 전략: 과거의 자랑이 아니라, 예측 가능한 결과를 제시해 공유한다.

❸ **출력 문장**Output

(정리된 보고서를 건네며)

"정리한 자료입니다. 발생 가능한 문제들까지 시뮬레이션을 마쳤습니다. 예상된 오차 범위 안에서, 계획대로 결과가 나오게 하겠습니다."

실전 문장 설계도 **배역** | **공과 사의 분리**

❶ **상황**Signal

동료가 업무적 피드백을 인격 모독으로 받아들이며 감정적으로 반응할 때

❷ **판단 기준**Check

- 내가 상대를 인간적으로 비난했는가? (아니요)
- 지금 필요한 것은 관계 개선인가, 업무 완수인가? (업무) → 전략: 배역(일)과 본체(사람)를 강제로 분리한다.

❸ **출력 문장**Output

"개인적인 감정으로 말씀드리는 거 아니지 않습니까. 그냥 결과물 퀄리티를 맞추자는 거니까, 다른 거 말고 일만 떼어놓고 보시죠."

❶ 상황 Signal

혼자 감당하기 어려워 도움을 요청해야 하는데, 무능해 보일까 걱정될 때

❷ 판단 기준 Check

- 혼자 끙끙대다가 사고를 치는 것이 더 위험한가? (예)
- 상대의 경험이 이 문제 해결의 핵심 열쇠인가? (예)
  → 전략: 도움 요청을 구조 신호가 아닌, 해결을 위한 자원 배치 제안으로 만든다.

❸ 출력 문장 Output

"제 선에서는 이 부분을 놓칠 위험이 있습니다. 진행하려면 (선배님)의 감각이 꼭 필요합니다. 여기만 봐 주시면, 나머지는 제가 책임지고 마무리하겠습니다."

실전 문장 설계도 ▶ 조정 | 번아웃 방지

❶ 상황 Signal | 속도와 의미가 어긋나 내면의 에너지가 고갈될 때

❷ 판단 기준 Check |
- 우리가 지금 맞는 방향으로 가고 있는가?(불확실)
- 무작정 달리는 것이 목적 달성에 유리한가? (아니요)
  → 전략: 멈춤을 게으름이 아닌 오차 점검으로 바꿔 읽고, 다시 맞춘 뒤 움직인다.

❸ 출력 문장 Output | "속도는 나는데 방향이 불안합니다. 이대로 가면 나중에 다 엎어야 할 수도 있습니다. 무작정 달리기보다, 지금 방향만 다시 맞추고 가시죠."

실전 문장 설계도 ▶ 손절매 | 매몰 비용 절단

❶ 상황 Signal | 혹시나 하는 기대감이나 미련 때문에 일을 놓지 못하고 붙잡고 있을 때

❷ 판단 기준 Check |
- 지금 멈추면 다음 시도를 할 여력이 남는가? (예)
- 계속 가면 다음 기회조차 박탈당하는가? (예) → 전략:

이것은 포기가 아니라 자원 보존이다. 다음 시드머니를 남기기 위해 지금 끊는다.

❸ 출력 문장 Output

(스스로에게 or 동료에게)

"더 끄는 건 끈기가 아니라 집착이다. 안 되는 걸 확인했으면, 즉시 마무리하는 게 능력이다. 그래야 남은 자원으로 다음을 도모할 수 있다. 여기서 마무리한다."

실전 문장 설계도 ▶ **교섭** | **협상의 기술**

❶ 상황 Signal

상대가 자존심이나 도덕성을 내세워 소모적인 논쟁을 걸어올 때

❷ 판단 기준 Check

• 잘잘못을 따지는 것이 이익이 되는가? (아니요)

• 여기가 법정인가, 비즈니스 테이블인가?(비즈니스) →
전략: 대화의 장부를 규범에서 이익(실리)으로 강제 전환한다.

❸ 출력 문장 Output

"잠시만요. 잘잘못을 따지자는 게 아닙니다. 일을 되게 하려는 겁니다. 서로 가능한 조건만 놓고 다시 얘기하시죠."

❶ **상황**Signal

잘하고 싶은 욕심에 자료 조사와 구상만 반복하며 시간을 쓰고 있을 때(열심히 하는 것 같지만 결과물이 0일 때)

❷ **판단 기준**Check

- 나는 지금 돈을 내고 배우는 사람인가, 돈을 받고 증명하는 사람인가? (증명)
- 지금 하는 행동이 성과를 만드는가, 불안을 달래는가?(불안) → 전략: 준비는 일이 아니다. 질에 대한 집착을 버리고, 가장 빠르게 실패하는 초안을 내놓는다.

❸ **출력 문장**Output

(스스로에게)

"돈 받고 하는 건 증명이다. 검색은 쇼핑이고, 초안이라도 내야 납품이다. 엉망이어도 좋으니 30분 안에 결과물을 뽑는다. 완성은 고치면서 한다."

실전 문장 설계도 ▶ **정의** | 기준의 구체화

❶ **상황**Signal

상대가 "너무 많다", "상황이 어렵다" 등 모호한 말로 말할 때

❷ **판단 기준**Check

- 상대의 느낌을 내가 해결해 줄 수 있는가? (아니요)

- 측정 가능한 숫자로 환산이 가능한가? (예) → 전략: 싸움의 대상을 사람의 감정에서 객관적 수치로 이동시킨다.

❸ 출력 문장 Output

"많다, 어렵다는 말은 서로 기준이 다를 수 있어서요. 하루에 정확히 몇 건인지, 숫자로 알려주시면 좋겠습니다. 그래야 오해 없이 맞출 수 있습니다."

실전 문장 설계도 ▶ **트리거** | **재진입 조건의 설계**

❶ 상황 Signal

조건이 맞지 않아 협상이 결렬될 위기일 때

❷ 판단 기준 Check

- 상대가 나를 싫어해서 거절했는가, 조건(돈/시기)이 안 맞아서인가? (조건)
- 나중에 상황이 변하면 다시 시도할 가치가 있는가? (예) → 전략: 거절을 보류로 재정의하고, 대화가 다시 시작될 자동 조건(트리거)을 심어둔다.

❸ 출력 문장 Output

"상황은 이해했습니다. 그럼 이번은 보류로 알고, 다음 분기에 예산이 풀리면 그때 다시 제안 드리겠습니다."

❶ **상황**Signal

리스크가 큰 프로젝트를 시작하며, 상사가 "무조건 되게 하라"며 압박할 때

❷ **판단 기준**Check

- 100% 성공을 장담할 수 있는가? (아니요)
- 실패했을 때 책임 소재 때문에 서로 얼굴 붉힐 일이 생기는가? (예) → 전략: 실패 시의 행동 요령을 내 판단이 아닌 상사의 지침으로 미리 받아둔다.

❸ **출력 문장**Output

"팀장님, 말씀하신 대로 이번 건은 최대한 공격적으로 가보겠습니다. 만약 15일까지(목표 숫자)가 안 나오면 그때는 바로 예산을 줄이고 보수적으로 전환하겠습니다. 이 부분만 컨펌해 주시면, 제가 머뭇거리지 않고 결과를 만드는 데만 집중하겠습니다."

여지를 두는 태도 버티는 힘은 의지가 아니라 구조다

초판 1쇄 발행 2026년 5월 15일

지은이 배성모

편집/디자인 공홍 **마케팅** 이유림, 임주성 **경영지원** 이지원
펴낸이 최익성 **펴낸곳** 파지트

출판등록 제2021-000049호
주소 경기도 화성시 동탄원천로 354-28 **전화** 070-7672-1001
이메일 pazit.book@gmail.com **인스타** @pazit.book

ISBN 979-11-7152-135-7 (03320)

THE STORY FILLS YOU
책으로 펴내고 싶은 이야기가 있다면, 원고를 메일로 보내주세요.
파지트는 당신의 이야기를 기다리고 있습니다.